논술을 잘하려면
논리부터
확실히!

논술을 잘하려면 논리부터 확실히!

2008년 11월 3일 초판 1쇄 인쇄
2008년 11월 17일 초판 1쇄 발행

지은이 ǀ 노야 시게키
옮긴이 ǀ 이재연
펴낸이 ǀ 박준기
펴낸곳 ǀ 새날
주 소 ǀ 서울시 금천구 가산동 550-1 롯데 IT 캐슬 2동 1206호
전 화 ǀ 02)884-8459
팩 스 ǀ 02)884-8462
등 록 ǀ 제16-1010호(1994. 10. 28)

ⓒ 노야 시게키, 2006
ISBN 978-89-85726-74-0 43170

파본이나 잘못된 책은 교환해 드립니다.
값은 뒤표지에 있습니다.

● 알기 쉽게 정리한 논리 이야기

논술을 잘하려면 논리부터 확실히!

노야 시게키 지음 | 이재연 옮김

새날

차례

제5장 | 명제논리의 방식

| 제 1 장 |

당신은
'논리적' 입니까?

'논리적'이란 어떤 의미인가?

'논리'를 배우려면 먼저 '논리'의 의미를 알아야 한다. 그렇다면 먼저 '논리적'이라는 단어의 의미를 알아보자.

예를 들어 '참 비논리적이다!'라는 말을 다른 사람에게서 들었다면 대부분 부정적인 의미로 받아들일 것이다. 도대체 무엇이 부정적인 의미라는 것일까? 누군가 나에게 그런 말을 했다면 기죽지 않고 '비논리적이라니, 어떤 의미로 말한 거죠?'라고 되묻고 싶어질 것이다. 만일 그 사람이 나의 질문에 '비논리적이란 이러이러한 것이다'라고 대답해 준다면 그 험담도 달게 받아들일 것이다. 하지만 상대가 우물쭈물 얼버무린다거나 갑자기 태도를 바꿔 버린다면 나는 '똥 묻은 개가 겨 묻은 개 나무란다'라고 생각할 것 같다. 내가 겨 묻은 개이겠지만 말이다.

그렇다면 '논리적 또는 비논리적'이란 일반적으로 어떤 의미를 갖는 것일까? 잠시 생각해 보면 알겠지만, 제법 여러 가지 의미로 사용된다.

일반적으로 '논리적' 이라는 말이 의미하는 것은 '일관되다' 라 든가 '일리가 있다' 라는 것이며, 반대로 '비논리적' 이라는 것은 '비약하고 있다' 라든가 '지리멸렬하다' 라든가 '이치에 맞지 않 다' 는 뜻이다. 이치에 맞지 않는 말을 하는 상대에게 '좀 더 논리적 으로 말하세요' 라는 말 대신 '즉흥적으로 말하지 마세요' 라고 말 할 수도 있지만, 이것 역시 상당히 어색하다. 왜 '즉흥적으로 말하 는 것' 이 '비논리적으로 말하는 것' 일까?

사실 지금 나도 이 문장을 '즉흥적' 으로 쓰고 있다. 다른 것을 보고 쓰는 것이 아니기 때문에 당연히 생각나는 대로 쓰는 것이 다. 말할 때도 즉흥적으로 말한다. 그 외에 다른 방법은 없다. 피로 연에서 인사말로 준비한 원고를 읽는 경우는 예외겠지만 말이다. 그렇다면 '즉흥적으로 말하지 마라' 는 것은 무엇을 의미하는 것 일까?

예를 들어 '영화나 보러 갈까?' 라고 친구가 물으면 당신은 '뭐 보고 싶은 거 있어?' 하고 되물을 것이다. 그러면 친구는 '영화' 로 부터 연상된 것이라든가 최근 영화에서 보지 못한 여배우에 대한 것 등으로 이야기를 시작한다. 당신도 동조하여 '전에는 그 여배우 인기 있었는데……' 라는 식으로 말하면, 친구는 '그래, 맞아' 라고 말할 것이다. 그리고 요즘 인기가 점점 떨어지고 있는 코미디언에 관한 이야기가 이어지고, 우리 반에 이상한 녀석이 있는데 이전에 어땠는지에 대한 이야기가 점차 변해 가서 어느덧 중국식 돼지고기 찐 만두로 이야기가 옮겨질 때쯤, 기다리다 지친 당신은 녹초가 되어 결국 이렇게 묻는다. '그러니까 오늘 어떻게 할 거야?' 그러자 돌아온 답은 '오늘 날씨도 좋고 한데, 그냥 바다에 놀러 갈까?' 이다.

앞의 이야기는 '즉흥적'으로 대화하는 재미있는 예이다.

이에 비해 '뭐 보고 싶은 것 있어?'라는 질문을 받고, 〈식객〉이 재미있지 않을까?' 하고 정확하게 영화 제목을 대답하는 경우에는 '즉흥적으로 말하고 있다' 라고 하지 않는다. 영화의 제목을 답하는 경우에도 즉흥적으로 그 제목을 말한 것이겠지만 앞의 예와는 다르다. 하지만 영화를 보러 가자고 했다가 '바다에 갈까?' 라고 하는 것은 변덕일까? 단순히 기분 내키는 대로 말하는 것일까? 자신의 최초 발언에서 점점 멀어져 돼지고기 만두까지 이야기가 흘러간 부분에서는 '즉흥적'인 대화의 진면목이 생생히 드러난다.

어떤 의미에서는 대부분의 경우가 즉흥적으로 말하는 것이지만, '즉흥적으로 말한다' 라는 것은 앞에서 말한 대화 내용(자신이든 남이든)을 무시하고, 생각나는 것을 마음 내키는 대로 말하는 것을 뜻한다. 이러한 것을 '비논리적' 이라고 한다.

반대로 '논리적' 이라는 것은 앞에서 말한 대화 내용과 밀접한 관계가 있는 발언을 하는 것이다. '논리적' 이라는 말이 가지고 있는 이러한 측면은 논리학이 다루는 '논리'와 어느 정도 가깝다. 간단히 말하면 논리란 '일종의 말과 말의 관계'를 일컫는다. 따라서 말과 말을 정확하게 관련지어 이야기하는 사람은 **논리적**이고, 그때그때 즉흥적으로 일관성 없이 이야기하는 사람은 **비논리적**인 것이다.

매우 놀라울 정도로 하나의 말은 다른 말과 서로 관련되어 있다. '하늘'이라는 말과 '구름'이라는 말은 서로 관련되어 있고, '구름'은 '비'와 관련되어 있다. 같은 방법으로 관련지어 가면 '비'는 '물'과 관계하고, '물'은 다시 '커피'와 관계하며, '커피'에서 '원두', '원두'에서 '콩', '콩'에서 '팥소(앙금)', '팥소'는 '단팥빵'과 관계한다. 즉, 결국에는 '하늘'과 '단팥빵'은 관계가 있는 셈이 된다.

말과 말의 관계는 물론 글과 글의 관계도 마찬가지이다. 예를 들면 '비가 내렸다'라는 것은 '상공에서 물방울이 떨어졌다'라는 것을 뜻하고, '소나기가 내렸다'라는 것은 '물방울의 낙하 시간이 그리 길게 계속되지는 않았다'는 의미를 포함한다. '일주일 동안 소나기가 계속 내렸다'라는 따위의 말은 없으니 말이다. 너무나 당연한 것이라고 생각하겠지만, 이처럼 당연한 것이 바로 '논리'이다.

말은 추상적이고 이미지를 표현하는 방식으로 의미의 연관성을 가지고 있고, 그것이 말과 말을 연결하여 의미를 지닌 네트워크를 만든다. 말은 그물망처럼 연결되어 있다. 이때 이 네트워크를 벗어나지 않고 정확하게 오갈 수 있는 사람이 '논리적'인 사람이라고 할 수 있다.

논리는 '비상식'인가?

앞에서 배운 내용에 한 가지 보충하겠다. 말과 말의 모든 관계가 논리는 아니다. 이것은 앞에서 '일종의 말과 말의 관계'라고 언급했던 것과 관련 있다. 여기서 이 '일종'이라는 말을 간과하지 않은 사람은 상당히 '논리적'이다. 예를 들어 '대학교수'라고 하면 대부분의 사람들은 '교양인'이라든가 '지식인'일 것이라고 생각한다. 그러나 교양인도 아니고, 지식인도 아닌 교수가 있다고 해서 모순은 아니다. '일주일 동안 계속 내린 소나기'는 모순이지만, 이와 같은 의미에서 '교양 없는 대학교수'는 모순이 아니라는 것이다. 말하기 부끄럽지만 사실 내가 그런 것 같다.

'대학교수'와 '교양인'과 '지식인'의 관계는 상식적으로 관계가 있다고 생각되는 관계 즉, 논리보다 한층 느슨한 '연상'의 관계에 있다. '돼지'라고 하면 지저분하고 좁은 우리에서 사는 불쌍한 동물이라고 연상하는 사람이 많은 것처럼 '대학교수'라고 하면

'교양인'일 것이라고 생각해 버린다.

그러나 이처럼 상식적인 것교 연상에 의한 관계는 '논리'가 아니다. '논리'는 어디까지나 의미상의 연관이다. 예를 들어 '소나기'라고 하면 '비교적 일찍 그친다'라든가, '대학교수'라면 '대학생을 가르치고 있다'라는 식으로 말이다.

그래서 논리라는 것은 상식과 연상보다 엄격하다고도 할 수 있지만, 반대로 상식과 연상보다 관대(?)하다고도 할 수 있다. 우선 '~일 것이다'라는 표현에 관해서 논리는 보다 엄격하게 적용된다. 상식과 연상으로는 '대학교수는 지식인일 것이다'라는 문장이 성립될 수 있지만, 논리적으로는 그렇게 말해서는 안 된다. 논리적으로 말할 수 있는 것은 '대학교수라면 대학생을 가르치고 있을 것이다'라는 식으로 사실을 분명하고 확실하게 전해 주어야 한다.

반면 '~일지도 모른다'라는 표현에서 논리는 상식보다 더 압도적으로 관대하게 사용할 수 있다. 아무리 비상식적인 것일지라도 모순되지 않는다면 논리적인 표현으로는 가능하기 때문이다. 예를 들면 '나는 올림픽에서 금메달을 딸지도 모른다'라는 문장은 논리적으로는 옳다. 물론 현실에서는 그럴 가능성이 제로라고 해도 논리적인 모순은 없다.

마찬가지로 '최고의 인기를 얻고 있는 배우가 나를 사랑하고 있다'라고 생각하면 기분은 잠시 좋을지 모르지만, 이는 단지 논리적 가능성이기 때문에 행복을 느끼지는 않을 것이다(오히려 터무니없이 비참함을 느낄 수도 있겠다).

결론적으로 논리적 가능성이라는 것은 어이없을 정도로 비상식적인 가능성이라도 모순되지 않는 한 허용한다. 논리적으로 생각해 감으로써 오히려 상식에 얽매이지 않을 가능성도 있는 것이다. 이런 점이 바로 '논리의 자유로움'이다.

따라서 '논리적'이라는 것은 '상식적'이라는 것과 다르다. 이런 식으로 말하면 '그럼 논리적인 사람은 비상식적이라는 말이네요'라고 생각하는 사람도 있을지 모르겠지만, 그것은 아니다.

여기에 대해 깊이 파고들면 다음 화제로 옮겨지기 때문에 간단히 설명하고 넘어가는 것이 좋을 것 같다. 만일 '논리적인 사람은 비상식적이다'라는 주장이 옳다면, 여기에서 '상식적인 사람은 논리적이지 않다'가 도출된다. 이를 '대우(對偶)'라고 하는데, 다음에 자세히 다룬다. 정확한 이유는 알 수 없지만 '논리적인 사람은 비상식적이다'라는 것에 동의하는 사람이라도 '상식적인 사람은 비논리적이다'라는 데에는 동의하고 싶지 않을 것이다. 그러나 당연히 논리적으로는 한쪽을 옳다고 인정하면, 다른 한쪽도 반드시 옳다고 인정하지 않으면 안 된다.

그런데 앞에서 '논리적'이라는 것은 '상식적'인 것과는 다르다고 했다. 왜냐하면 논리적 가능성이라는 것은 비상식적인 가능성도 허용하고, 상식적인 가능성도 포함되어 있기 때문이다. 예를 들면 '성실함'이라는 것과 '부자'라는 것은 관계가 없다. 성실한 가

난뱅이도 있고, 성실한 부자가 있는 것처럼 말이다.

마찬가지로 논리적이라는 것은 '상식적'인가 '비상식적'인가 하는 것과 관계없다. 따라서 '논리적이라는 것과 상식적이라는 것은 다르다'라는 것으로부터 '논리적인 사람은 모두 비상식적이다'라는 결론은 나오지 않는다. 물론 '논리적인 사람은 전부 비상식적이지는 않다'라는 사실도 나올 수 없다. 논리적이고 비상식적인 사람은 있을지도 모르며, 실제로도 있기 때문이다.

논리학이 다루는 추론이란 어떤 것인가?

이번에는 논리학에서 다루는 '논리'로 화제를 좁혀가 보자.

앞의 예를 다시 한 번 들어 보자. 우리는 대부분 '그 사람은 대학교수다'라는 것으로부터 '그렇다면 틀림없이 지식도 있고 교양도 있을 것이다'라고 추측한다. 이 추측이 빗나가는 경우는 거의 없겠지만 결론적으로 논리적인 추론은 아니다. 이에 비해 '그 사람은 대학교수다'라는 사실에서 '그렇다면 대학생을 가르치고 있겠지'라고 결론을 내리는 것은 논리적이다.

일반적으로 논리적인 추론은 하나하나의 단계를 유추해 나가다 보면 확실하지만 너무 당연한 사실이라서 고마움(?)은 느낄 수 없다. 하지만 이런 식으로 하나하나 당연한 단계가 거듭되면서 처음에는 생각하지도 못했던 결론에 도달하게 된다.

수학을 공부할 때 증명을 접해 본 적이 있을 것이다. 그 증명법을 떠올려 보면 하나하나의 단계는 너무나도 당연한 추론으로 성립하고 있음을 알 수 있다. 또한 그렇지 않으면 안 된다. 왜냐하면 하나하나의 당연한 단계를 거쳐 이를 확인하면서 누구나 다 그 결론을 받아들이기 때문이다.

논리학에서 하나하나의 단계를 구성하고 있는 대표적인 추론을 관찰해 가는 것은 중요하지만, 너무나 당연한 것처럼 보일 것이다. 하지만 많은 단계들이 짜 맞추어져서 복잡한 추론이 만들어지면 왜 당연한 것인지 이해할 수 없게 된다. 또 고차원적인 추론을 습득하기 위해 공부를 하고 훈련하지 않으면, 뒤따라갈 수 없게 되기도 한다. 따라서 기초부터 너무나도 당연해 보이는 하나하나의 추론을 정확히 파악해 가지 않으면 안 된다.

논리학에서 사용되는 가장 기본이 되는 용어를 잠시 정리해 보자. '대학교수'라는 사실로부터 '지식인'일 것이라고 결론을 내렸던 것같이 상식과 경험으로 판단하여 '아마 그럴 것이다'와 같은 결론을 도출하는 방법을 **추측**, 논리적으로 결론을 도출한 것을 **추론**이라고 한다. '추론'이라는 말은 '추측'의 의미도 포함하여 사용하는 경우가 많겠지만, 여기에서 추론은 논리적인 경우에만 사용한다고 한정짓는다.

추측과 추론이 어떻게 다른가를 확실하게 정의하는 것은 꽤 어려운 일이다. 좀 더 쉽게 이해를 돕기 위해서 다음 문제를 풀어 보자. 자세한 설명은 문제 뒤에 이어 가는 것이 좋을 것 같다.

문제 : 다음을 추측인지 추론인지 분류해 보시오.

(1) A상점에서는 상품P의 판매가 저조하다. 그러나 B상점에서는 상품 P가 잘 팔리고 있다. A상점과 B상점을 비교해 보면 상품P의 가격은 같지만, A상점에서는 상품P가 안쪽에 진열되어 있고, B상점에서는 입구 쪽에 진열되어 있다. 이 사실로부터 A상점에서는 상품P가 진열되어 있는 위치가 적절하지 않다고 판단할 수 있다.

(2) 광수는 매일 A상점이나 B상점에서 쇼핑을 하며, 그동안 상품P를 살 때에는 반드시 상품Q도 함께 샀다. 어느 날 광수는 상품P를 사서 집에 돌아왔는데, A상점에는 가지 않았다고 한다. 이것으로부터 이날 광수는 B상점에서 상품Q를 샀다고 판단할 수 있다.

'설명 따위는 필요 없으니까 답을 먼저 알려 달라'는 성급한 사람이 있을 거라 생각된다. 24쪽에 정답이 있으니 궁금한 사람은 자세한 설명을 읽기 전에 먼저 확인해 보길 바란다.

답을 맞혔습니까? 좋습니다./그것 참 유감입니다.

먼저 (1)과 (2)는 어떤 점이 다를까? (1)과 (2)는 모두 전제로부터 하나의 결론을 도출하지만, 결론을 도출하는 확실성이 다르다.

A상점에서는 B상점보다 상품P의 판매가 저조하고, 가격은 둘 다 같은데 진열된 물건의 위치가 다르면, 진열된 위치가 적절하지 않기 때문이라고 생각하는 것은 그럴듯해 보이고, 제법 확실한 추측이라고 말할지도 모른다.

하지만 절대 확실한 추측은 아니다. 상품P의 판매가 저조한 것은 다른 이유가 있을지도 모른다. 애초에 A상점의 위치가 좋지 않다든가, 판매원이 불친절하다라든지, 혹은 상품P를 사는 사람은 대개 상품Q도 사는데, A상점에서는 상품P만 구비하고 있고 상품Q는 갖추고 있지 않다든가 하는 등의 이유도 있을 수 있다.

이에 비해 (2)의 경우는 주어진 4가지 전제를 모두 옳다고 인정하면, 반드시 결론도 옳다고 인정하지 않으면 안 되는 경우이다.

(2)를 간단하게 정리하여 보자.

전제 1. 광수는 매일 A상점이나 B상점에서 쇼핑을 한다.

전제 2. 광수는 상품P를 살 때 반드시 상품Q도 함께 산다.

전제 3. 어느 날 광수는 상품P를 샀다.

전제 4. 이날 광수는 A상점에 가지 않았다.

결 론 이날 광수는 B상점에서 상품Q를 샀다.

전제 2와 전제 3을 합쳐 보면, 이날 광수는 상품Q도 샀다는 결론을 내릴 수 있다. 또 전제 1과 전제 4를 생각해 보면, 광수는 이날 B상점에서 쇼핑했다고 결론을 내릴 수 있다.

(1)은 전제를 인정해도 제시되는 결론 이외의 다른 결론을 내릴 가능성이 남아 있지만, (2)의 경우는 전제를 인정하면 더 이상 여기에서 제시되고 있는 결론 이외의 가능성이 없다. 즉, 오로지 하나의 결론이 나오며, 여기에 대해 선택의 여지가 없는 것이다.

따라서 답은 다음과 같다. (1) 추측 (2) 추론

이제 정확히 정의할 수 있는 지점에 왔다. 몇 개의 전제로부터 어떤 결론을 도출할 때, 이 도출이 절대 확실한 것(전제를 인정하면 결론도 반드시 인정하지 않을 수 없는 것)을 '추론'이라고 한다. 더 전문적이고, 엄밀하게는 '연역(演繹)'이라고도 한다. 논리학에서 가장 기본적으로 다루는 것이 바로 이것이다.

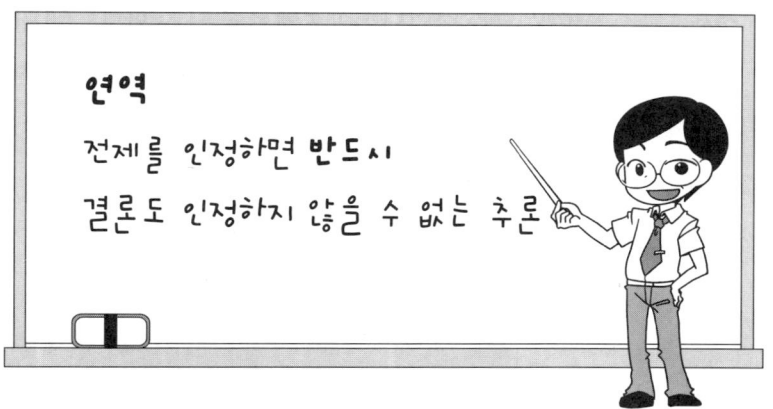

논리라는 것은 말과 말의 의미 상의 관계이다. 논리학은 특히 그 중에서 추론이라는 관계를 다룬다. '추론' 을 '연역' 혹은 '연역적 추론' 이라고도 표현하는데 이는 모두 같은 의미이다. 전제를 인정하면 반드시 그 결론도 인정하지 않으면 안 되는 도출, 이것이 '추론' 즉, '연역' 혹은 '연역적 추론' 이다. 그리고 이것은 논리학이 다루는 대상이다.

논증과 도출을 구별하자

연역에 대해서 잘 이해하였는지 다음 문제를 풀어 보자. 다음은 옳은 연역인가?

너구리는 유대류(有袋類)이다.
유대류의 암컷 배에는 주머니가 있다.
그러므로 암컷 너구리의 배에는 주머니가 있다.

유대류는 원시적인 포유동물로 태반이 없거나 있어도 매우 불완전하며, 새끼는 발육이 불완전한 상태로 태어나는 캥거루나 코알라 같은 동물을 가리킨다. 따라서 너구리는 유대류가 아니다. 결국 이 문장에서는 전제 자체가 틀렸다. 간단히 설명을 하면 유대류의 암컷 배에 주머니가 있다는 것도 사실과 다르고, 주머니(육아낭)가 없는 유대류도 있으며, 결론도 틀렸다. 이 문장들은 모두 틀린 것 투성이다. 따라서 옳은 연역적 추론이라고 할 수 없다.

앞에서 언급했던 규정을 한 번 더 생각해 보자. 연역적 추론이란 '그 전제로부터 결론의 도출이 절대 확실한(전제가 옳으면 반드시 결론도 옳다) 것'이다. 여기에서 이 '전제가 옳으면'이라는 부분을 염두에 두길 바란다. 만약 앞의 두 가지 전제가 옳았다고 해 보자. '너구리는 유대류이다'와 '유대류의 암컷의 배에는 모두 주머니가 있다'라는 두 가지 전제가 만약 옳은 것이었다면 '너구리의 암컷의 배에는 주머니가 있다'라는 결론도 역시 옳다. 따라서 결론은 연역으로서 옳은 것이다.

'논증'과 '도출'을 구별해 보자. 어떤 전제로부터 결론을 추출하는 그 과정 전체를 **논증**, 전제로부터 결론을 추출하는 과정을 **도출**이라고 한다.

논증

도출의 옳음은 그 전제를 옳다고 가정했을 때에 그 결론이 반드시 추출될 수밖에 없는가 하는 점으로 평가되며, 전제가 정말로 옳은가 옳지 않은가는 그 다음 문제이다. 반면 옳은 논증이라는 것은

도출이 옳고, 그 전제도 정말로 옳은 것이어야 한다. 따라서 앞의 너구리 논증은, 도출은 옳지만 전제가 틀렸기 때문에 전체적으로 틀린 논증이다.

이렇듯 논증과 도출을 구별하는 것은 매우 중요하다. 제시된 논증의 옳고 그름을 평가할 때에 기준이 없으면, 논증이 틀린 경우 그 논증의 어디가 잘못되었는지 정확히 알 수 없게 된다. 정확한 이유는 찾지 못하고 기분과 분위기로 '뭔가 틀린 것 같다'로 끝나버리고 마는 것이다. 전제의 옳음은 예컨대 '너구리는 정말 유대류인가 아닌가', '유대류는 모두 육아낭을 가지고 있는가 그렇지 않은가'와 같이 사실에 관한 것이다. 이는 신뢰할 수 있는 사람에게 물어보거나, 사전을 찾아보거나, 스스로 조사하여 그것이 옳은지 그른지를 확인하면 된다.

하지만 도출의 옳음은 사실의 여부와 전혀 관계가 없다. 논리는 추리소설에서 조사도 하지 않고 추리만으로 사건을 해결하는 '안락의자 탐정'처럼 궁극적으로 앉아서 하는 일이다. 이때에는 아무리 속임수 같은 전제라고 해도 무조건 옳다고 가정한다. 여기에서 그 결론이 반드시 도출되는가의 여부에 연역의 옳고 그름이 달려 있는 것이다. 이와 같이 논증을 평가하는 주사위는 사실조사의 몫과 논리의 몫으로 구별되어 있다. 논리는 사실의 여부와는 관계가 없기 때문이다.

논리는 말과 말의 관계를 다룬다. 논리는 전제와 결론의 관계만을 다루는 것이다. 예를 들면 고리와 고리가 어떻게 연결되는지의 여부가 중요할 뿐 고리의 색이 붉은지, 노란지, 낡았는지의 여부와는 관계가 없다는 뜻이다. 이쯤에서 논리를 좋아하는 사람과 그렇지 않은 사람이 나누어질지도 도르겠다.

잠시 논리력을 테스트 해 봅시다

논리학에서 다루는 것은 바로 연역적 추론이다. 여기서 말하는 옳은 연역적 추론은 결국 전제가 옳으면 반드시 결론도 옳은 추론을 뜻한다. 논리학의 관점에서 말하면 '논리적인 사람'이란, 연역적 추론의 개념은 물론 복잡한 연역적 추론을 정확히 이해하고, 자신이 복잡한 추론까지 직접 할 수 있는 사람을 뜻한다.

반대로 '비논리적인 사람'이라는 것은 간단히 말해 위와 같지 않은 사람을 말하는데, 이는 다시 두 종류로 나눌 수 있다.

하나는 원래 연역적 추론 따위는 시도조차 하지 않는 사람이다. 이러한 사람은 논리학의 관점에서 말하면 논리와 아무런 관계가 없는 '비(非)논리적'이라기보다 '무(無)논리적'이라고 말할 수 있을 것이다. 다른 한 유형은 최선을 다해 연역적 추론을 하지만 계속 틀린 답을 말하는 사람이다.

당신은 어떤 유형에 속하는가? '어느 쪽이 더 좋다, 나쁘다'라고 말할 수 없지만, 매일 다른 사람과 대화하고 의사소통을 하면서

살아가는 우리로서 논리는 반드시 필요한 것이기 때문에 배워야
한다.

　다음의 간단한 테스트를 통해서 자신의 실력이 어느 정도 되는
지 알아보자. 테스트 결과가 좋지 않다고 해도 앞으로 차츰 나아지
면 되는 것이고, 이 문제에 임한다는 것 자체가 논리를 배우겠다는
결심이 선 것이므로 긴장하지 않았으면 한다. 편한 마음으로 임해
보자.

문제 : 다음의 (1)~(3)이 연역적 추론으로서 옳은가 틀린가를 평가해 보자.

(1) 어음에는 환어음과 약속어음이 있다. 둘 다 유가증권이다. 수표
　　는 환어음과 유사한 성격이 있지만, 경제적인 기능은 다르기 때
　　문에 어음과는 구별된다. 따라서 수표는 유가증권으로 간주되지
　　않는다.

(2) 복어의 간에는 테트로도톡신이 함유되어 있다. 이것은 운동마비
　　를 일으키며, 심할 경우에는 호흡곤란을 일으켜 사망에 이르게
　　한다. 그러나 복어에는 테트토도톡신 이외의 독은 밝혀져 있지
　　않다. 따라서 간을 제거하고 먹으면 복어도 안전하다.

(3) 어떤 행위가 범죄로 성립되기 위해서는 그 행위가 형법에 정해진

범죄의 형태에 부합하고, 동시에 정당방위에 의하여 위법성이 상실될 이유도 없으며, 잘못을 한 사람에게 책임이 돌아가야만 한다. 이러한 관점에서 빌린 돈을 갚지 않은 채무불이행은 형법이 정한 범죄에는 해당되지 않는다. 따라서 채무불이행은 범죄는 아니다.

정답의 개수만 먼저 말하면 옳은 연역 1개, 틀린 연역 2개이다.

'어, 개수가 틀리잖아' 하는 사람 중, 아깝다고 생각되면 문제를 다시 한 번 읽어 보자. 정답은 35쪽에 정리해 놓았다.

이 문제를 풀려면 먼저 불필요한 부분을 삭제하여 요점만 정리해야 한다.

(1) 어음은 유가증권이다.

　수표는 어음은 아니다.

　따라서 수표는 유가증권은 아니다.

문제가 헷갈렸던 사람도 위와 같이 정리하면 함정에 빠지지 않을지도 모르겠다. 하지만 정리해도 잘 이해가 안 되는 사람은 다음 설명을 보자. 먼저 전제를 인정하고, 그 다음에 결론을 부정한다.

어음은 유가증권이고, 수표는 어음이 아니다. 하지만 수표도 유가증권이다.

이렇게 정리하면 모순인가? 어음과 수표는 모두 유가증권이지만, 어음과 수표는 다르다. 여기까지는 모순이 아니다. 유가증권에도 여러 가지가 있다는 것뿐이다. 그것은 곧 이 전제를 인정해도 결론을 부정할 여지가 있다는 것이기 때문에 이 도출은 절대적인 것이 아니다. 따라서 연역으로서 옳지 않다.

반대로 전제를 인정하고 결론을 부정했을 때 모순이 되었다면 그 도출은 연역으로서 옳다. 이와 같이 연역의 옳음 여부를 확인하는 방법으로 '전제를 인정하고 결론을 부정하여 모순되는지 여부를 조사' 하는 것은 제법 유효하기 때문에, 기억해 두면 좋을 것이다.

(2) 복어의 간에는 테트로도톡신이 함유되어 있다.
　　복어에는 테트로도톡신 이외의 독은 밝혀져 있지 않다.
　　따라서 간을 제거하고 먹으면, 복어도 안전하다.

이 문장은 모두 엉터리이다. 복어의 정소(精巢)에는 독이 없지만, 난소와 나머지 창자에는 독이 있어 매우 위험하다. 따라서 이 논증의 전제는 틀리지 않았지만 엉뚱한 결론이 내려진 셈이다. 어디가 잘못된 것일까? '간에는 테트로도톡신이 함유되어 있다' 는 '간 이외에는 테트로도톡신은 함유되어 있지 않다' 라는 것을 의미하지 않는다. 예를 들면 '서울에는 지하철이 있다' 라는 문장이 '서울 이외에는 지하철이 없다' 라는 것을 의미하지 않는다는 뜻이다.

    (3) 어떤 행위가 범죄로 성립되기 위해서는

        ① 그 행위가 형법에 정해진 범죄의 형태에 부합하고,

        ② 위법성이 상실될 이유도 없고,

        ③ 잘못을 한 사람에게 책임이 돌아가야 한다.

        채무불이행은 형법이 정한 범죄에 해당하지 않는다.

        따라서 채무불이행은 범죄가 아니다.

    어떤 행위가 범죄로 성립되기 위한 세 가지 조건이 주어져 있다. 첫 번째가 '형법에 정해진 범죄의 형태에 부합' 해야 한다는 조건인데, 사실 빌린 돈을 갚지 않는 것은 형법에서 정한 범죄의 형태에 부합되지 않는다. 즉, 이 조건에 해당되지 않는다.

    하지만 여기에서 주의해야 할 점은 앞에서 주어진 세 가지 조건을 '모두 만족시켜야 하는가', '어느 한 가지가 만족되면 성립하는가' 이다. 이 차이는 엄청나게 크다. 논리학에서도 이것은 대단히 중요하다.

지금의 이 경우에는 세 가지 조건을 모두 만족시켜야 범죄로 간주된다는 것이기 때문에 그 중에서 한 가지가 만족되지 않는 채무 불이행은 범죄가 아니라고 결론을 내린 것이다. 그렇다고 빌린 돈을 갚지 않아도 되는 것은 아니다. 형법으로 심판받지 않는 것은 민법으로 심판받기 때문이다. 범죄는 아니지만, 역시 법을 어긴 행위이기 때문에 빌린 돈은 반드시 갚아야 한다.

따라서 정답은 다음과 같다.

(1) 틀리다　　(2) 틀리다　　(3) 옳다

논리학이란 무엇을 위하여 존재하는가

앞에서 풀어 본 세 문제의 성적은 좋았는가? 그다지 성적이 좋지 않은 독자에게 이 책이 조금이라도 유익하기를 바란다. 사실 논리학을 배웠다고 해서 곧바로 논리적이 될 수는 없지만, 논리학 교과서는 매우 논리적으로 구성되어 있기 때문에 읽으면서 정확히 이해한다면 이는 대단한 논리 훈련이 되는 것이다. 문제를 풀고 자신이 어떻게 틀렸는가를 이해한다는 것은 여기에서 얻은 지식이라기보다 해설을 이해하기 위해 사용한 두뇌의 운동이 당신의 논리력을 단련시켜 간다는 의미이다. 인내하고, 꾸준히 노력하면 분명 좋은 결과를 얻을 수 있을 것이다.

앞의 세 문제를 모두 쉽게 알아맞힌 사람은 연역적 추론에 대해 잘 이해하고 있는 것이라고 생각한다. 그래서 이런 독자는 이 책을 읽을 필요가 없는 것이 아니냐고 묻는다면 그렇지는 않다. 오히려 반드시 읽어야 한다. '논리학이란 무엇인가?' 하는 것과 관계있는

데, 논리학은 논리를 전혀 알지 못하는 사람에게 논리를 가르치는 것은 아니기 때문이다. 만약 이 책이 외국어 교과서라면 그 외국어를 전혀 알지 못하는 사람에게 백지상태에서부터 가르쳐 줄 것이다. 그러나 논리학에서는 그렇게 하지 않는다. 논리를 전혀 알지 못하는 사람에게 애초에 논리학 교과서가 이해될 리도 없다. 따라서 논리학 교과서는 외국어 교과서와 전혀 다르다. 오히려 논리학 교과서는 모국어의 문법책과 같다.

예를 들면 국어를 모국어로 하는 사람에게 국어 문법책과 같은 것이다. 이 책은 한글로 쓰여 있기 때문에 한글을 모르는 사람은 읽을 수조차 없다. 이 책을 읽으려면 한글을 어느 정도는 숙달하고 있어야 한다. 이런 의미에서 한글 문법에 대해서도 어느 정도 알고 있어야 한다. 그렇다고 해서 한글 문법책이 무의미한 것은 아니다.

논리학 교과서도 그렇다. 논리를 알지 못하는 사람은 논리학 교과서를 이해할 수 없다. 따라서 논리학 교과서라는 것은 어떤 의미에서 알고 있는 내용만 쓰여 있다. 그래도 사람들은 논리학의 '장치'를 알고 싶어 한다. 이를 '메커니즘'이라고 해도 좋고, '구조'라고 해도 상관없다. 우리나라 사람에게 외국인이 문법에 대해 '왜 이렇게 말하면 안 되나요?' '왜 이렇게 써야 하나요?' 하고 묻는다면 명쾌하게 이유를 대답해 주기는 어려울 것이다.

왜 그럴까? 논리학도 그렇다.

논리학이라는 것은 이와 같은 문법의 한 부분이다. 더 정확하게 말하면, 아니 좀 다른 말로 하면 '논리학은 한글 문법의 일부이며, 동시에 한글 문법을 초월하고 있다'라고 말하고 싶다. 그 이유는 첫째, 논리학에서 연역적 추론은 상당히 한정된 말의 관계를 다루고 있기 때문에 이것은 어디까지나 문법의 일부이다.

그러나 적어도 이 책에서 소개하려고 하는 논리는 결코 한글에 관한 것은 아니다. 예를 들면 논리학에서 중요하게 사용되는 말의 하나로 '부정'이라는 단어가 있다. '부정'의 의미는 말할 필요도 없이 한글만 가지고 있는 특수한 단어가 아니다.

'부정'이라는 뜻을 가진 단어가 사용되지 않는 언어는 없지 않을까? 결론적으로 논리학이 채택하는 말은 모두 한글에 한정되는 것이 아니고, 여러 나라 언어에 공통적으로 나타나는 것이다. 이런 의미에서 논리학은 특정 언어를 뛰어넘는다.

논리학이란, 논리를 이미 구사하고 있는 사람이 논리에 더욱 관심을 갖고, 이를 정리하고 체계를 세워 이론화하는 것에 지나지 않는다. 단 이 책은 논리가 도무지 뭔지 모르겠다는 사람도 함께 이해하도록 구성되어 있기 때문에 끝까지 설명을 듣고 천천히 이해해 나가면 좋을 것 같다.

논리의 언어들

논리라는 것은 말과 말의 관계이기 때문에, 어떤 말도 논리학의 대상이 될 수 있다. 하지만 연역적 추론이라는 관점에서 보았을 때, 매우 중요한 말과 그렇지 않은 말로 나눌 수 있다. 예를 들면 앞에서 말했던 '부정어' 는 연역적 추론에서 가장 중요한 어휘이다. 그에 비해 '치와와' 는 논리학적으로는 그다지 중요하지 않은 단어이다. 물론 '치와와' 라는 말에도 그것은 개라든가, 크지 않다든가, 멕시코가 치와와의 원산지라든가 등등 일반적으로 의미상의 연관은 나름대로 있을 것이다. 하지만 논리학에서 보면 중요한 말은 아니다.

'치와와' 와 비교하여 '부정어' 가 논리학의 관점에서 가지고 있는 중요한 이유는 '범용성(汎用性)' 때문이다. '치와와' 는 대개 치와와 이야기를 할 때밖에 사용하지 않지만, 부정어는 어떤 이야기를 하든 사용된다. 이와 같은 이유로 일찍이 아리스토텔레스의 논리학이 '오르가논' 즉, '도구'라고 불린 것이다.

어떤 학문이든 마찬가지겠지만, 특히 논리학은 평생 머릿속에 각인(刻印)하지 않으면 안 되는 학문이다. 논리학은 일상에서는 물론 생물학이든, 물리학이든, 역사학이든, 경제학이든 어떤 학문의 추론에도 중요한 역할을 하기 때문이다.

논리학에서 사용되는 언어들은 '부정어' 이외에 어떤 것이 있을까? 이유를 불문하고 이러한 말들은 모두 논리학의 중요한 대상이 된다. 그리고 실제로 여러 어휘가 그 같은 역할을 한다. 이 책에서는 그 중에서도 가장 기본적인 것을 다루려고 한다.

논리의 언어들 중에서 가장 중요한 대상은 부정어 '~아니다'이다. 그 다음으로는 접속어가 중요하다. 접속어에도 여러 종류가 있는데, 가장 기본적으로 사용되는 것이 '그리고'와 '또는'이다. 그 다음으로 추론에서는 빼놓을 수 없는 말이 있다. 그것은 바로 '~라면'이다. 'A라면 B. A. 고로 B'는 연역적 추론에서 기본 중의 기본이다.

위에서 언급한 부정어와 접속어로 하나의 정리를 만들고, 논리학은 이 말들을 연결해 주는 하나의 완결된 논리체계(명제논리)를 만들어 낸다.

이 책에서는 부정어와 접속어로 이루어지는 논리체계의 성립을 살피면서 논리학이 어떤 식으로 작용하는가를 배우는 현장견학을 하려고 한다. 앞에서 언급한 논리에서 사용되는 언어들이 바로 다음의 제2장부터 제5장까지의 내용이다.

나아가 또 하나의 그룹, '모두'와 '존재한다'가 더해지면 오늘날 표준적인 논리학에서 다루는 어휘가 모두 갖추어진다. 이때 '모두'와 '존재한다'를 추가한 체계를 '**술어논리**'라고 부른다. 예를 들어 '남자는 바보다'라고 했을 때 그것은 '모든 남자가 그런가' 그렇지 않으면 '그런 남자도 있다는 것인가'라는 것을 분명하게 해 두는 것은 매우 중요하다.

이 책의 궁극적인 목표는 '~아니다' '그리고' '또는' '~라면' '모두' '존재한다' 등의 말들이 단들어 내는 연역적 추론을 전체적으로 살펴보는 것이다. 즉, 이 책에서는 논리의 복잡한 체계를 말하려는 것은 아니다. 그러나 기본적이고, 가장 많이 사용되는 언어들이기 때문에 응용되는 범위는 상당히 넓다.

예를 들면 수학은 연역적 추론이 많이 사용되는 학문이라 '연역적 추론의 화신'이라고 불릴 정도인데, 앞에서 거론한 어휘로 수학의 연역적 추론을 거의 다 표현할 수 있을 정도이다. 따라서 이 책에서 지향하고 있는 논리체계를 이해한다는 것은 단지 논리학으로의 입문을 넘어 대단한 의미가 있는 것이다. 또한 요즘 많이 사용되는 논리학의 기본적인 체계를 소개하고, 논리가 왜 필요한가, 어떻게 전개되는가 등 논리학의 작동방식과 사고방식을 다루어 보고자 한다.

거듭 말하지만, 논리적으로 정확히 전개된 논의를 읽음으로써 논리의 기초를 단련하는 데 다소나마 도움이 될 수 있기를 바란다.
그러면 다음 장부터는 논리의 언어들에 대해 하나씩 알아보도록
하자.

제 2 장

'부정'이라는 것은
매우 어렵다

어떤 상황에서 부정을 하는가

'부정'이라는 것은 생각하기 시작하면 제법 어렵다. 예를 들어 책상 위를 보면 커피가 절반 정도 들어 있는 컵이 있고, 뭔가 너저분하게 적혀 있는 종이 다발이 있고, 컴퓨터가 있다. 이때 우리는 단지 책상 위에 있는 것만을 보게 된다. 따라서 책상 위의 모습을 말로 묘사할 때, 단지 긍정형의 표현만으로도 책상 위의 모습을 묘사할 수 있다고 생각한다.

그렇다면 '부정'이라는 것은 언제 사용될까? 오히려 '나타나지 않기' 때문에 '부정'인 것은 아닐까? 그러면 엉겁결에 '이 세상에 부정이라는 것은 없다'라고 말하고 싶어진다. 하지만 '이 말 자체도 부정형이네' 하며 쓴웃음을 지을 것이다.

예를 들면 내 책상 위에는 금덩이가 없다. 왜 그렇게 중요한 사실을 알아차리지 못했던 것일까?

이유는 간단하다. 지금까지 '책상 위에 금덩이가 있다'라는 생각을 해 본 적이 없었기 때문이다. 그러고 보면 내 책상 위에는 많은 것이 없다. 카메라도 없고, 자명종도 없다. 하지만 여기서 중요한 것은 카메라와 자명종이 없다는 것이 아니라, '금덩이가 없어' 라든가 '카메라가 없잖아' 라는 말은 그런 것에 관심이 있었던 사람만이 한다는 점이다. 즉, '책상 위에 금덩이가 있다' 라는 긍정형의 사실에 관심이 있는 사람만이 '책상 위에 금덩이가 없다' 는 부정형의 말을 하는 것이다.

앞의 그림은 부정이라는 것의 정체(?)를 조금 더 분명하게 해준다. '책상 위에 금덩이가 있다' 라고 생각도 해 보지 않은 사람은 '책상 위에 금덩이가 없다' 라는 생각도 하지 않는다. '책상 위에 금덩이가 있었으면 좋겠다' 라고 생각했거나 누군가 '당신 책상 위에 금덩이가 있어요' 라고 했다면 당신은 책상을 보면서 '금덩이가

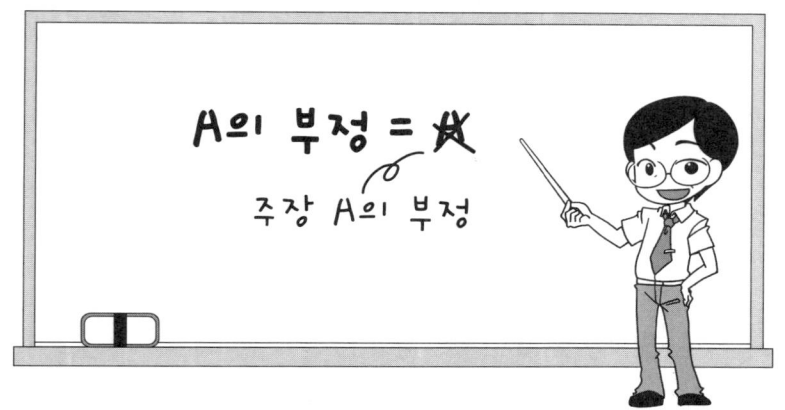

없잖아'라고 생각할 것이다. 즉, '책상 위에 금덩이가 있다'라는 긍정형의 주장이 어떤 식으로는 마음속에 있지만, 책상 위에 실제로 금덩이가 없을 때 즉, 상황이 그것을 부정할 때 우리는 '금덩이가 없다'라고 말하는 것이다. 이처럼 '주장 A의 부정'이 'A의 부정'이다.

오히려 더 어려운 표현이 될지도 모르겠지만, 이렇게 생각해 보자. 주장 A를 부정하여 'A가 아니다'라고 확실히 말할 수 있는 것은 어떠한 경우인가? 이것은 그 상황에서 'A'라고 주장하면 틀리는 경우이다.

마찬가지로 내 책상 위의 상황과 관련하여 '금덩이가 없다'라고 주장하는 것은 '금덩이가 있다'고 주장하면 틀리는 것이 분명하기 때문이다. 이것이 당연하다고 느끼는가? 아니, 전혀 당연한 것이 아니다.

'금덩이가 있다'라는 긍정형의 주장과 '금덩이가 없다'라는 부정형의 주장은 근본적으로 말의 작동법이 다르다. 어떻게 다를까? '책상 위에 금덩이가 있다'는 것은 책상 위의 상태를 묘사한 것이다. 물론 '책상 위에 금덩이가 없다'는 주장도 책상 위의 상태를 묘사한 것이지만, '책상 위에 금덩이가 없다'는 기본적으로 '책상 위에 금덩이가 있다'는 주장에 대하여 '그 주장은 틀리다'고 말하는 것이다. 즉, 'A가 아니다'는 'A'라는 주장이 틀렸다고 말하는 것을 통하여, 이른바 간접적으로 그 세계의 상태를 묘사하고 있는 것이다.

그다지 이해하기 쉽도록 설명하고 있다는 느낌이 들지 않기 때문에 다른 방법으로 설명해 보는 것이 좋을 것 같다. 책상 위의 상태를 묘사해 보자.

책상 위에 컴퓨터가 놓여 있는 장면을 생각한다. 그리고 다음에는 책상 위에 컴퓨터가 없는 장면을 생각해 보자. 어떠한가? 책상을 그리고, 그 위에 컴퓨터를 그리지 않는다. 이번에는 책상 위에 자명종이 없는 그림을 생각해 보자. 이때 이 그림에 책상을 그리고, 그 위에 자명종을 그리지 않으면 이는 마치 '컴퓨터가 없는' 상태와 같다. 아니, 실제 이 그림은 '책상 위에 금덩이가 없는 그림'이기도 하고, '카메라가 없는 그림'이기도 하다. 이러한 면에서 이 그림들은 전부 같다고도 볼 수 있다.

이해가 잘 안 간다면 종이에 컴퓨터를 그리고, 컴퓨터가 없으면 그 위에 ×표를 해 보자. 마찬가지로 종이에 자명종을 그리고, 자명종이 없으면 그 위에 ×표를 한다. 여기에서 ×표시는 부정을 뜻하는 것으로 실제 존재하는 것이 아니다. 따라서 '없는 것'을 사진으로 찍을 수는 없기 때문에 그림을 사진으로 찍으면 ×표시는 나타나지 않는다. 이는 세계를 그려낸 한 장의 그림에 내가 새롭게 부가한 것이다.

즉, 'A'라는 긍정형의 주장은 어떤 사실이 성립하고 있는 것을 묘사한 것이지만, 'A가 아니다'라는 부정형의 주장은 부정적인 사실이 성립하고 있는 것을 묘사한 것이라기보다, 'A'라는 주장이 틀리다고 주장하는 것에 불과하다. 그 'A'라는 주장은 자신이 했든 다른 누군가 했든 상관이 없다. 결론적으로 'A가 아니다'는 'A'라는 주장에 대한 부정적인 태도를 표명했다는 것이다.

당연한 이야기 같지만 복잡하지 않은가? 여기서 말하는 '부정'은 우리가 평소에 사용하는 '부정'의 의미와 논리학에서 다루는 '부정'의 의미에 모두 다가와 있다. 논리학이 다루는 '부정'의 의미를 간단하게 정리하면 다음과 같다.

주장 A를 부정하여 'A가 아니다'라고 확실히 말할 수 있는 때는, 그 상황에서 'A'라고 주장하면 틀리는 경우이다.

나는 당신이 좋지 않다

논리에 대해 조금은 감이 잡혔는가? 여전히 어렵겠지만 조금 나아졌다고 생각하자. 우리가 자주 사용하는 '부정'은 우리가 생각하는 것보다 훨씬 다양하게 응용된다.

예를 들어 '나는 당신이 좋다'를 부정해 보자. 별생각 없이 부정하면 '나는 당신이 좋지 않다'가 되고, 이는 분명 부정의 한 가지 형태이다. '좋지 않다'라는 표현은 '좋다'라고 하면 틀리는 것 이상으로 '싫다'에 가깝거나 '싫다'와 같은 의미가 함축된 것처럼 느껴진다.

예를 들면 내 수업을 듣는 학생들은 특별히 나를 '좋아'하지 않을 것이다. 하지만 나를 매우 싫어한다고도 생각하지 않기 때문에 학생이 나에게 '저는 교수님이 좋지 않아요'라고 하면 충격이 클 것 같다.

문제점을 명확히 해 보자. 논리학에서 부정의 의미는 어떤 상황에서 'A가 아니다'라고 분명히 주장할 수 있는 때는 그 상황에서 'A'라고 주장하면 틀리는 경우라고 정의했다.

한편 '나는 당신이 좋지 않다'는 분명히 부정형의 주장이지만, '좋지 않다'라는 표현은 '좋다'라고 주장하면 틀리는 것 이상의 의미를 함축하고 있다. '좋지 않다'라는 말은 오히려 더 적극적인 표현인 것이다. 따라서 내 수업을 듣는 학생들이 '저는 교수님이 좋습니다'라고 말하면 거짓말이겠지만, 그렇다고 '교수님이 좋지 않습니다'라고까지 나에게 말하는 것을 듣고 싶지는 않다. 이것은 부정에 대한 나의 규정이 잘못되었음을 보여 주고 있는 걸까?

연구한 바에 따르면 이러한 것은 '좋다' 또는 '싫다'와 같이 반대개념이 있는 경우에 발생한다. '싫다'라는 것은 상대를 부정하는 태도이기는 하지만, 어디까지나 '긍정형'의 태도이다. 따라서 상대가 싫은데 '좋다'고 말하면 이 상황에서는 틀릴 뿐만 아니라, 또 싫은 것이 아니면 '싫다'고 말할 수는 없다. 이와 같이 반대개념이 있는 단어의 경우에는 '좋지 않다'라는 말이 오히려 '좋다'의 반대개념인 '싫다'의 뜻인 것 같다.

그 외에도 예를 들면 '맛있다' 또는 '맛없다' 등의 경우에도 '이 음식은 맛있지 않다'라고 말하면 좀 더 분명하고 적극적으로 '맛없다'라고 말하는 느낌이 든다. 이에 비해 '붉다'는 것은 특별히 반대 개념이 있는 것이 아니기 때문에 '붉지 않다'라는 것은 '붉다'라고 주장하면 틀리는 것 이상의 의미는 포함되어 있지 않다.

하지만 '좋지 않다' 라는 주장은 두 가지로 해석해 볼 수 있다. 하나는 '좋다' 고는 할 수 없다는 것, 그리고 또 하나는 더욱 적극적인 표현으로 '오히려 싫다' 라는 것이다. 전자는 내가 앞서 언급했던 부정의 의미이다. 여기에서 논리학이 다루는 부정의 의미는 단순하면서도 순수하다. 이것은 어디까지나 앞에서 서술했던 규정 이상의 의미는 아니다. 다시 한 번 반복해서 말하면 주장 A를 부정하여 'A가 아니다' 라고 확실히 말할 수 있는 때는 그 상황에서 'A' 라고 주장하면 틀리는 경우라고 했다. 그런데 '좋지 않다' 라는 말은 단순히 부정만을 의미하는 것은 아니라는 뜻이다. 그것은 '좋다' 의 부정 + '싫다' 는 긍정의 합체인 것이다.

그렇다면 '싫다' 와 같이 적극적인 주장이 되지 않도록 '나는 당신이 좋다' 에 대한 순수한 부정을 만들어 보자. 혹시 '좋지도 싫지도 않다' 라고 생각했는가?

'좋다' 라고 말하면 틀리는 경우는 분명히 '좋지도 싫지도 않다' 는 경우도 포함하지만 이것만을 의미하는 것이 아니다. '싫을 때' 에도 역시 '좋다' 라고 말하면 상황에 맞지 않는 틀린 표현이 된다. 따라서 '좋다' 의 부정은 '싫다' 만도 아니고, '좋지도 싫지도 않다' 만도 아니다. 양쪽을 합친 것, 즉 '좋다' 이외의 전부인 것이다. '좋다' 의 부정을 '좋지도 싫지도 않다' 만으로 한정해 버리면, '좋다' 가 부정되면 동시에 '싫다' 도 부정되며, 순수한 '좋다' 의 부정보다 더 많은 의미를 뜻하게 된다.

이것은 부정의 개념을 파악할 때 매우 중요하다. 'A'라는 주장의 부정은, 'A'라고 주장하면 틀리는 모든 경우를 포함한다. 예를 들면 '송이버섯은 붉지 않다'라고 말하면, '송이버섯이 붉다'라고 말하면 틀리게 되는 경우 이외에 버섯의 색에 대해서는 아무것도 시사하고 있지 않다. 이 문장을 통해서는 송이버섯은 노란색인지, 푸른색인지 알 수 없다. 그러나 반대개념이 있는 말에는 정확하게 부정을 만들면 논리학의 관점에서 만들어 내고 싶은 순수한 부정의 형태로부터 벗어나는 경우가 있기 때문에 주의해야 된다.

　이번에는 앞의 경우와 비슷하면서도 약간 다른 화제를 다루어 보려고 한다. 예를 들어 '철수가 좋아하는 사람은 영희가 아니다'라는 말에는 '철수는 영희를 좋아한다'라고 말하면 틀릴 뿐만 아니라 '철수는 영희 이외의 누군가를 좋아한다'는 의미도 갖고 있다. 따라서 이 말에는 순수한 부정이 아닌 긍정적이고, 적극적인 의미가 내포되어 있는 셈이다.

　실제 이와 같은 부정은 흔히 볼 수 있다. 예를 들면 '철수는 작년에 설악산에 올라갔다'라는 주장을 부정할 때, '철수가 작년에 오른 것은 설악산이 아니다'라는 형태의 부정을 만들 수도 있고, '철수가 설악산에 오른 것은 작년이 아니다'라든가 '작년에 설악산에 올라갔던 것은 철수가 아니다'라는 부정을 만들 수도 있다. 즉 '철수는 작년에 설악산에 올라갔다'라는 주장을 부정하는 것만이 아니라 어디가 틀렸는지를 짚어줌으로써 '설악산이 아니고 다른 산이다' 라든가 '작년이 아니고 다른 해다' 라는 적극적인 내용을 시사하고 있다.

오히려 'A' 라는 주장이 틀리다는 것을 의미하는 부정보다, 더 적극적이고 확고한 주장을 겸한 부정이 일반적인지도 모른다. 결국 평소 우리가 사용하는 부정의 표현이라는 것은 그 대부분이 순수하게 부정만을 의미하는 것은 아니다. 대부분의 경우가 순수하게 'A' 라는 주장을 부정할 뿐만 아니라, 더욱 깊이 들어가 적극적인 내용을 시사한다.

따라서 논리학에서 사용되는 '부정' 의 의미는 평소에 우리가 사용하는 부정표현과 다르다. 말하자면 고급술을 빚듯이 재료를 곱게 갈아서, 평소의 부정표현에 포함된 부정의 핵만을 논술에서 채택하는 것이다. 즉, 평소 사용하는 부정의 표현은 대부분 앞에서처럼 '부정 + 긍정' 의 내용을 가지고 있기 때문에 '긍정' 의 부분을 삭제해야 순수한 부정을 만들 수 있다. 그리고 이것이 바로 앞에서 처음에 제시한 규정이다. 즉, 우리가 다루려고 하는 부정의 순수한 형태는 " 'A' 라는 주장에 대해 그것을 부정한다는 것, 그리고 당분간 그 이상의 것은 말하지 않는다" 는 것이다.

긍정, 부정
둘 중 하나밖에 없다?

논리학에서 사용되는 '부정'의 의미를 배웠으니, 이번에는 부정에서 사용되는 논리규칙들을 알아보자.

논리학 가운데 **'논리법칙'**이라는 것이 있다. 논리법칙이란 논리적으로 말해 반드시 성립하는 명제를 말한다. 예를 들면 'A 또는 (A가 아니다)'와 같은 것이 논리법칙의 하나이다. 'A'이든가 'A가 아니다'이든가 둘 중 어느 한쪽이라는 뜻으로, 이 중간을 배제하는 (존재할 수 없다) 것을 **'배중률(排中律)'**이라고 한다.

배중률은 이 책에서 소개하려는 현대의 표준적인 논리학 체계에서 사용되는 논리법칙이다. 따라서 '배중률은 반드시 성립한다'라는 전제하에 논리학에 대한 설명을 계속하고 싶지만 이 배중률은 생각보다 간단하지 않다.

그렇다면 배중률은 어떤 경우라도 성립되는 것일까? 어떻게 보면 배중률은 무조건 성립되는 것처럼 보인다. 예를 들면 '나는 내일 돈을 줍든 안 줍든 둘 중 하나일 것이다' 라는 예상은 100% 적중할 것임에 틀림없다. 또한 '당신은 결혼했거나 안 했거나 둘 중 하나다' 라는 것도 호적을 조사할 필요 없이 무조건 성립된다.

그러나 부정에 대한 규칙과 대비하여 보면 미심쩍은 부분이 생긴다. "어떠한 상황에서 'A가 아니다' 라고 주장하는 것은 'A이다' 라는 주장이 틀렸을 경우이다"라고 규정하여 본다면 배중률 'A 또는 (A가 아니다)' 는 앞선 상황에서 A는 맞든지 틀리든지 무조건 둘 중 하나라는 것을 의미한다.

그렇다면 어떠한 주장이라도 맞든지 틀리든지 무조건 둘 중 하나인가? 이 가정은 조금 고개를 갸우뚱하게 만드는 경우가 있다.

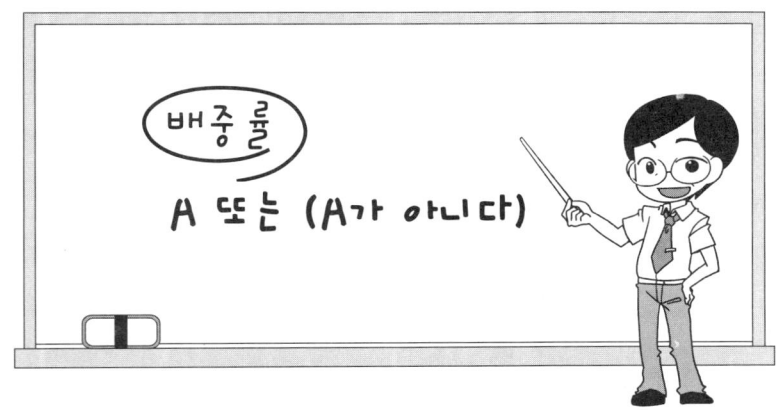

첫 번째로 주장 A에 **애매한 개념**이 포함되는 경우가 있다.

'여기는 알프스다' 라는 주장을 생각해 보자. 알프스 정상에서 말한다면 올바른 주장이다. 하지만 시베리아 부근에서 말한 것이라면 무조건 틀린 주장이다.

그럼 주장한 그곳이 알프스라는 것을 결정짓는 경계선은 어디일까? 어디라고 딱 잘라 말하기 힘들다. 이러한 경우에는 이 주장이 맞거나 틀렸다고 말하기 애매하다. 다른 예를 들면 '빨갛다' 라는 단어 역시 애매한 단어이다. 빨간색과 노란색 사이에는 무수히 많은 주황색이 존재한다. 여기서 노란색과 주황색, 빨간색 사이에 '확실한 경계를 그어라!' 라고 명령을 받는다면 자신 있게 선을 긋기가 어려울 것이다. 따라서 '이것은 빨갛다' 라는 주장이 맞는지 틀린지 정확하게 말할 수 없다고 할 수 있다.

이런 애매한 개념이 담긴 논리를 연구하는 것은 흥미롭지만, 제법 어려운 논리학의 분야이다.

하지만 우리가 이 책을 통하여 말하고자 하는 논리체계는 앞에서 언급했다시피 배중률을 논리법칙으로 인정하는 것이다. 이는 곧 애매하지 않은 명확한 개념만을 취급하는 것이라고 결정하는 것에 지나지 않는다. 그렇다고 논리학에서 애매한 것은 취급하지 않는다고 말하려는 것이 아니다 단지 지금은 논리학을 시작하려는 가장 기초적인 단계이기 때문에 느닷없이 애매한 개념까지 고려하는 것은 어느 누가 생각해도 과욕에 불과할 것이다. 애초부터 논리학은 학문을 위한 도구라고 생각되어 왔기 때문에 애매하지 않은 명확한 개념만을 염두에 둔다고 해서 나쁠 것은 없다고 본다.

용기와 맹장의 차이

배중률이 의심되는 또 다른 경우를 생각해 보자. 이번에는 애매함의 문제와는 다르다. 따라서 애매함에 대해서는 생각하지 말고, 애매하지 않더라도 배중률이 의심되는 경우를 생각해 본다.

예를 들어 '준영이는 용기가 있다'는 주장을 생각해 보자. 물론 용기라는 단어 자체는 애매하지만, 지금은 이 점을 무시한다. 문제는 용기가 있다고 말할 수 있을 만한 특정한 계기(예를 들면 전철 안에서 치한에게 당하고 있는 여성을 돕는 것)가 있었다면 '용기가 있다 혹은 없다'라고 말할 수 있겠지만, 이제껏 그러한 상황을 한번도 경험하지 않았다면 준영이가 용기가 있는지 없는지 분별하기 어렵다는 것이다.

고등학생인 준영이가 지금껏 자신의 용기를 시험당할 만한 상황을 한번도 경험하지 못했다면 용기가 있는지 혹은 없는지 알 수 없는 것이 아닐까? 준영이는 굉장히 용기가 있을지도 모르지만,

전혀 없을지도 모른다. 이 경우에는 배중률 '준영이는 용기가 있든지 없든지 둘 중 하나다'는 성립되지 않는다.

이러한 경우는 극히 드물겠지만 만일 준영이가 평생 이러한 상황에 놓이지 않고 죽었다면 준영이는 용기가 있는 것인가? 없는 것인가? 만일 준영이가 그렇게 죽었다면 용기가 있었는지 없었는지의 의견이 분분할 것이고, 판단을 내리지 못하는 사람들도 있겠지만, 적어도 배중률이 여기서 당연히 성립되지 않는다는 점은 인정할 것이라고 생각한다.

배중률은 어떠한 상황에서도 'A 또는 (A가 아니다)'라고 말할 수 있다고 주장한다. 그리고 A의 부정인 'A가 아니다'는 그 상황에서는 A가 틀리다는 의미였다. 즉, '어떠한 상황에서도 주장 A는 맞든지 틀리든지 둘 중 하나다'라는 뜻이다. 하지만 지금처럼 준영이가 용기가 있는지 없는지의 여부를 가릴 경우, 딱 잘라 결정하기 어렵다. 말하자면 **증거불충분**인 것이다. 이처럼 애매한 대상이 아니더라도 증거불충분으로 인해 주장 A의 확실함을 결정하기 어렵다는 것이다.

하지만 억지로라도 배중률을 인정하려고 한다면 증거불충분쯤은 상관없다. '준영이는 용기가 있다'가 아니라 '준영이는 용기가 있든지 없든지 둘 중 하나다'라고 생각해 보자. 또한 준영이가 죽기 전까지(준영이가 죽었다고 가정하고) 용기를 시험당할 만한 상황을 맞닥뜨리지는 못했지만 이런 것은 상관없다고 할 수도 있다.

만일 준영이가 전철 안에서 한 여성이 술 취한 남자에게 희롱당하는 것을 보았다면 도와주었을지 돕지 않았을지 둘 중 하나다. 이것은 곧 '준영이는 용기가 있든지 없든지 둘 중 하나다' 라는 의미다. 이는 마치 '준영이에게 맹장이 있었는지 없었는지 둘 중 하나다' 라고 말하는 것과 같다. 맹장이라면 확실하게 배중률로 말할 수 있다. 당연히 준영이는 맹장이 있든 없든 둘 중 하나였을 것이다. 하지만 용기의 경우는 뭔가 석연치 않다.

제가 무엇에 대해 말하려고 이렇게 집요하게 이야기하는지 아시겠습니까? 입문서에 어울리지 않는 고집을 피우고 있다는 생각이 들기도 하지만, 논리학을 근본적인 부분에서부터 생각하려고 할 때에 가장 중요한 문제이다.

배중률은 논리학의 근본법칙에 관한 문제이고, 그것을 인정하는 체계(표준적)도 인정하지 않는 체계(비표준적)도 있으므로, 배중률을 인정하느냐 인정하지 않느냐에 따라 이러한 논리체계의 성격은 결정적인 부분에서 달라진다.

따라서 용기와 맹장의 차이점에 대해 조금만 더 파고들어 확실하게 알아둘 필요가 있다. 첫 번째 차이점은 용기와 맹장의 유무를 타인이 관찰할 기회가 있었는지 없었는지의 여부이다.

맹장의 경우는 타인이 맹장의 유무를 관찰할 기회가 있었는지 없었는지의 여부와 관계없이 있으면 있는 것이고, 없으면 없는 것이다. 하지만 용기의 경우는 좀 아매하다. 여기서 배중률을 부정하고 싶은 사람은 맹장과 용기는 다르다고 생각할 것이다. 용기는 타인이 관찰할 수 있는 기회가 없었다면 용기의 유무에 대하여 판단을 내릴 수 없기 때문이다. 그렇다고 '준영이는 용기가 있니? 없니?' 라는 질문에 '용기가 있든 없든 둘 중 하나다' 라고도 말할 수 없다.

여기서 이 문제를 결론지으려고 하지 말자. 단지 이 책에서는 배중률을 인정하는 논리체계를 목표하고 있으므로 여기에 대한 의미만 명확히 짚고 넘어가면 된다.

용기는 사람이 그것을 관찰할 기회가 있었느냐 없었느냐에 따라 존재의 여부가 판가름 나는 것이 아니다. 관찰할 기회가 없었다고 해서 용기가 없다고는 말할 수 없기 때문이다. 따라서 우리는 여기서 용기와 같은 존재는 취급하지 않는다. 이는 '**실재론적 입장**' 이다.

문제가 되고 있는 사상(事象)에 대해 실재론적 입장을 취한다는 것은 간단히 말해서 그 존재에 인간의 인식이 관여되지 않는다는 것이다. 인간이 인식을 하려고 하든지 말든지 그것은 존재한다. 보편적으로 생각해 보면 맹장이 그렇고, 알프스도, 지구도, 책상 위에 널린 자질구레한 것들까지도 그렇다. 이것들은 실재한다. 즉, 인간이 그것을 보든 안 보든 실재하는 것이다.

게다가 표준적인 논리체계를 지탱하는 사고방식으로 보면 실재론적 입장을 취함과 동시에 그것을 마치 신의 관점에서 보려고 한다. 즉 '인간의 인식'이라는 불완전하고, 한정적인 틀 안에 묶이고 싶지 않은 것이다. 그러면 최소한 '증거불충분'이라는 문제를 다룰 여지는 없어진다. 이에 반해 비중률을 부정하는 입장은 신의 관점이 아닌 인간의 관점에서 보려는 입장으로 **반실재론적 입장**이다. 캐치프레이즈 식(*유명인이 자주 사용하여 잘 알려진 문장 또는 문구)으로 말하자면 이 책에서 소개하고 있는 표준적인 논리체계는 배중률을 인정하는 '신의 논리학'이고, 배중률을 인정하지 않는 비표준적인 논리체계는 배중률을 거부하는 '인간의 논리학'이라 할 수 있다.

앞에서 배중률이란 '어떠한 상황에서도 주장 'A'는 옳든지 틀리든지 둘 중 하나다'라고 서술했다. 이때 나는 일부러 '상황'이라는 모호한 표현을 썼다. 이 '상황'의 설정에 의해 신의 논리와 인간의 논리가 구별되기 때문이다. '상황'이라는 것으로 인간의 관점에서 파악한 한정된 인식상황을 생각한다면, 맞다고도 틀리다고도 할 수 없는 증거불충분 상황이 발생할 수 있다. 또 한편으로는 '상황'이라는 것으로 모든 것이 있는지 없는지가 결정되어 있고, 그 외에도 그 모든 것을 볼 수 있을 것 같은 세계—신의 관점에서 파악된 실재세계—를 생각한다면 주장 'A'는 그 세계의 존재방식에 비추어 맞든지 틀리든지 둘 중 하나로 결정될 것이다.

지금까지 '용기'만을 사례로 들어 보았으나 이러한 문제는 여러 가지 상황에서 그 모습이 드러난다. 그 중 가장 대표적인 예는 '무한(無限)'이다(이 문제의 주요한 싸움터는 원래 무한에 관한 것이었다). 예를 들면 π 라는 원주율에 대해 생각해 보자. π를 무한소수로 나타내면 '3.14159……' 가 계속된다. 절대 원주율은 '3'으로 나누어 떨어지지 않는다. 이 원주율에 관해 다음 문제를 생각해 보자. π의 무한소수를 끝없이 전개했을 때 7이 10번 연속으로 나오는 경우가 있을까? 지금껏 무한소수를 아무리 길게 전개했어도 이러한 경우는 없었다. 하지만 무한이라는 것이 실재한다고 생각하는 사람은 이미 그것은 실재한다고 결정되어 있기 때문에 '7이 연속 10회 나오든 안 나오든 둘 중 하나다' 라고 말할 것이다. 이것은 배중률이다.

그리고 만약 7이 연속 10회 나타났을 때는 '나타났다' 라고 말할 수 있어 다행이겠지만, '나타나지 않을' 경우에는 무한히 계속되는 원주율 속에서 어떻게 증명할 수 있을까? 끝없이 계산해도 나타날 기미가 보이지 않는다. 언제 포기하면 되는 것일까? 포기한 그 다음에 7이 연속 10회 나올지도 모른다. 따라서 π를 소수로 나타낼 때 7의 10회 연속은 나타나지 않는다' 라는 것은 증명할 수 없다. 하지만 무한소수가 실재하기 때문에 인간이 모를 뿐이지 분명히 7이 연속 10회 반복되는 구간이 있을 것이라고 생각하는 사람들은 '나타나든 안 나타나든 둘 중 하나다' 라는 배중률을 여기에서도 인정한다. 이는 이미 단순히 논리의 문제가 아닌, '무한' 이라는 관점을 어떻게 받아들이느냐에 대한 근본적인 문제(분명히 철학적이고, 형이상학적인 문제)가 될 것이다.

지금까지 어려운 고찰을 계속했다. 이번에는 결과만을 생각해 보자. 우리는 앞에서 배중률을 논리법칙으로 인정하는 표준적 논리체계를 생각해 가기로 했었다. 이것은 두 가지 의미를 지닌다. 첫째, 애매한 개념을 생각하지 않는다는 것이다. 사용되는 개념은 모두 명확한 것만을 전제로 한다. 그리고 둘째, 실재론적으로 신의 관점을 상정하려는 입장에서 모든 것들을 파악해 가는 것이다. 하지만 여기까지 논의를 계속해 온 독자는 이러한 결과 그 자체보다 거기에 있는 사고방식이 더 중요하다는 것을 이해했을 것이라고 생각한다.

두 번 부정하면 긍정이 되는가?

부정이 관련된 논리에는 배중률처럼 중요한 **'이중부정칙(二重否定則)'** 이 있다. '이중부정' 이라는 것은 두 번 연속 같은 주장을 부정하는 것으로 주장 'A' 에 대해 '(A가 아니다)는 아니다' 라는 형식을 말한다. 대부분의 사람들은 이중부정에 대해 두 번 부정을 했으니 긍정의 뜻이라고 생각할 것이다. 이렇게 말하면 '아닌가?' 라고 생각했겠지만, 틀리지는 않았다. 우리가 목표로 하고 있는 논리 체계에도 이중부정칙은 포함되어 있다.

먼저 이중부정칙을 두 가지로 구분하여 보자. 그 이유는 조금 이따가 설명하겠다. 하나는 주장 'A' 가 옳으면, 그때 'A' 의 이중부정도 옳다는 것이다.

A→(A가 아니다)는 아니다.

이중부정이 없는 형태의 주장에 이중부정을 넣어도 상관없다는 논리법칙을 '**이중부정투입**'이라고 하자.

또 하나는 이와 반대로, 주장 'A'의 이중부정이 옳다면 주장 'A' 역시 옳다는 것이다.

(A가 아니다)가 아니다→A

이 경우는 이중부정을 수반한 주장에서 이중부정을 뺀 형태의 주장을 이끌어 낸다는 논리법칙이므로 '**이중부정추출**'이라고 한다. '이중부정칙'은 배중률과 밀접한 연관이 있다. 배중률을 부정하는 사람은 이중부정칙의 '투입'이나 '추출' 중 어느 한쪽을 배중률에 연동시켜 거부한다. 당신은 둘 중 어느 쪽이라고 생각하십니까? '투입'이나 '추출' 중 한쪽은 배중률을 거부한다고 하더라도 별 문제 없지만, 다른 한쪽은 배중률과 떼려야 뗄 수 없는 사이이다. 일단은 투입과 추출을 비교하여 보고, 어느 쪽인지 직감으로 판단해 보자. 앞에서 이중부정을 둘로 나눈 이유는 '이중부정투입'과 '이중부정추출'은 같이 논할 수 없기 때문이다.

다시 한 번 부정에 대한 규정을 떠올려 보자. 부정은 "어떤 상황에서 'A가 아니다'라고 옳게 주장할 수 있는 경우는 그 상황에서 'A'라고 주장하면 틀리게 될 때"였다. 이 규정에 따라 지금 두 가지 이중부정칙을 분석해 보자.

이 규정에 따르면 이중부정 '(A가 아니다)는 아니다' 가 옳은 주장이 되기 위해서는 그 상황에서 'A가 아니다' 라고 주장하면 틀리는 경우여야 한다. 여기서부터 'A가 아니다' 가 틀렸다든가 '(A가 아니다)는 아니다' 가 옳다든가 하는 말이 자주 등장한다. 복잡하다고 느낄 수도 있으니 집중해서 천천히 보자. 이때 문제가 되는 것은 세 가지이다.

(1) 'A' 는 옳다.
(2) 'A가 아니다' 는 틀리다.
(3) '(A가 아니다)는 아니다' 는 옳다.

(2)와 (3)은 부정의 의미에서 보면 같은 것이라 할 수 있다. 따라서 지금 주의 깊게 생각해 봐야 할 것은 (1)과 (2), (3)의 관계이다. (1)이 성립된다면 (2)와 (3)은 성립되는가? 반대로 (2)와 (3)이 성립된다면 (1)은 성립되는가?

우선 (1)로부터 (2)를 말할 수 있는지를 보자. 'A' 가 옳다고 가정해 보자. 예를 들어 '지연이는 오늘 아침 늦잠을 잤다' 가 옳다면 '지연이는 오늘 아침 늦잠을 자지 않았다' 는 틀리게 된다. 일반적으로 'A' 가 옳다는 것을 알 수 있을 때, 'A가 아니다' 는 틀리다. 즉, (1)로부터 (2)는 문제없이 말할 수 있다. (2)를 말할 수 있다면 부정의 의미에서 (3) " '(A가 아니다)가 아니다' 는 옳다"도 역시 말할 수 있다. 따라서 이중부정투입 'A→(A가 아니다)가 아니다' 는 성립한다. 하지만 좀 어려운 것은 '이중부정추출' 의 경우이다. (2)가 (1)을 의미하는 걸까?

'A가 아니다' 는 틀리다 → 'A' 는 옳다?

'A가 아니다' 가 틀리다면 'A' 가 옳지 않느냐고 생각할지 모르겠다. 이때 이 생각은 배중률을 전제로 하고 있는 것이다.

집중하자. 여기가 핵심이다. 'A이든 A가 아니든 둘 중 하나다' 라고 정해져 있기 때문에 'A가 아니다' 가 틀리다면 '그럼 A다' 가 된다. 일단 여기에 대한 판정은 제쳐 두자. 하지만 배중률을 반드시 인정하지 않으면 'A가 아니다' 가 틀렸다고 하여 곧바로 'A 이다' 라고 할 수는 없다.

'애매함' 이라는 점을 생각해 보면 이해하기 쉽다. '여기는 알프스가 아니다' 라는 것이 틀렸다고 해서 '여기가 알프스이다' 라고 판단해도 괜찮을까? 만일 그곳이 알프스라고 해도 좋고, 아니라고 해도 좋은 그런 애매한 곳이라면 '알프스가 아니다' 라고 해서 '알프스다' 라고 말할 수는 없다. 이러한 경우에는 이중부정추출이 성립되지 않는다.

이번에는 용기와 맹장에 대해서 생각해 보자. '준영이에게 맹장이 없다' 는 것이 틀린 경우는 어떠한 경우인가? 준영이에게 맹장이 있는 경우이다. 그 이외의 경우는 생각할 수 없다. 그러므로 '(준영이에게 맹장이 없다)는 아니다' 라는 이중부정은 '준영이에게 맹장이 있다' 는 것을 의미한다. 이러한 경우 이중부정추출은 성립된다. 하지만 용기의 경우에는 맹장의 문제를 해결할 때와 같이 속시원하게 설명을 할 수 없다.

'준영이에게 용기가 없다' 라는 것이 틀리는 경우는 어떤 경우일까? 물론 준영이가 용기를 보여 준 경우나 타인이 준영이가 용기가 있다고 인정한 경우일 것이다. 하지만 이러한 경우만 있는 것이 아니다. 애당초 준영이가 용기를 시험당할 만한 상황에 부딪혀 보지 않은 경우에는 '너 진짜 용기 없구나' 라고 말할 수 없고, 반대로 '너 진짜 용기 있다' 라고 말할 수도 없다. 또한 이때에는 '용기 있구나' 라고 말할 수 없을 뿐만 아니라, '용기가 없구나' 라고도 말할 수 없다. 그렇다면 용기와 같이 타인이 준영이의 용기를 인정하는 것과 준영이에게 용기가 있다는 것이 연관되어 있을 경우에는 이중부정추출은 성립되지 않게 된다. 즉, '(준영이에게 용기가 없다)는 것은 아니다' 라는 것이 꼭 '준영이에게 용기가 있다' 는 것을 의미하지는 않는다.

하지만 우리가 목표로 하는 표준적인 논리체계는 '이중부정칙'을 양쪽 모두(투입과 추출) 인정한다. 배중률을 논리법칙으로 인정하고 있기 때문이다. 그리고 다시 한 번 확인해 두면 표준적인 논리체계는 모든 것이 확실히 정해져 있고, 애매한 경우가 없고 증거가 불충분하지도 않으며 신의 관점에서 본 것과 같은 세상을 상정한 논리이다. 또한 부정이라는 것을 딱 부러지게 확실한 것이라고 볼 수 있는 경우에만 이중부정이 긍정의 뜻을 나타낸다. 반대로 여기서 우리가 이별을 고하려 하는 또 하나의 길은 인간의 관점에서 파악한 한정된 세계의 논리, 어떤 주장에 대해 옳다고도 틀리다고도 할 수 없는 상황이 있음을 인정하는 논리이다.

나는 이러한 '인간의 논리'의 길을 가 보고 싶다는 생각에 대해 공감한다. 하지만 논리학 입문서로서 역시 표준적인 논리체계의 길을 걷도록 도움을 주는 게 내 의무이다. 여기서 제가 귀찮은 것도 마다하지 않고 정도가 아닌 이론을 펼친 이유는 어찌 보면 당연하다고 보이는 표준적인 사항이 실은, 근본적인 철학적 문제를 놓친 하나의 결단, 하나의 선택으로 이루어진 것임을 알아주었으면 하기 때문이다. 이중부정추출을 인정하는 것이 '신의 논리'를 채용한다는 의미라는 것, 여러분은 생각해 보신 적이 있으십니까?

모순의 형태

앞에서 '논리학 입문을 가르쳐 주겠다고 하더니, 왜 이렇게 어려운 소리를 하는거지?' 라고 생각하는 사람도 있을 것이다. 그러면 잠시 어깨에 힘을 빼고 재미있는(?) 화제로 이야기를 돌려 보자. 이번에 배울 것은 '모순' 이다. '모순' 자체는 매우 엄격한 내용이지만, 여기서는 가볍게 접해 보는 것이 좋을 것 같다.

'세상은 모순으로 가득 차 있다' 라는 말은 논리적인 의미에서 모순이 아니다. 예를 들면 '부자는 많은 돈을 가지고 더 부자가 된다' 는 것은 화가 나는 일이지만 모순은 아니다. '성실하면 손해를 본다' 는 것 역시 모순이 아니다. '어떻게 저런 남자는 인기가 많고, 나는 인기가 없지?' 하고 소리를 쳐 봐도 이것 역시 모순이 아니다.

그렇다면 논리적인 의미에서 세상에 모순은 없는 것이 아닐까? 어젯밤 태평양에서 모순이 발생했다(그것도 대형 모순)는 말은 들은 적도 없고, 의미 또한 잘 파악되지 않을 것이다. 모순이라는 것은 어디까지나 사물을 언어적으로 파악하려는 데에서 발생하기 때문이다. 간단히 말하면 모순은 세계 쪽에 있는 것이 아니라, 세계를 파악하려는 인간 쪽에서 생겨난다. 즉, 어떤 사건과 다른 사건이 모순되는 것이 아니라, 어떤 주장과 다른 주장이 모순되는 것이다. 예를 들면 'A' 라는 주장과 양립할 수 없는 다른 주장 'B' 가 함께 존재하면 거기에서 모순이 발생하는 것이다. 만일 교차로에서 차가 사람을 치었을 경우 오히려 차가 날아갔어도 일종의 교통사고일 뿐 모순이 아니다. 놀라운 일일지는 모르겠지만 말이다.

그렇다면 주장 'A' 와 주장 'B' 가 '양립하지 않는다' 는 것은 어떠한 경우일까? 예를 들면 '수경이는 지금 부산에 있다' 라는 주장과 '수경이는 10분 전에는 서울에 있었다' 는 주장은 동시에 성립되지 않는다. 왜냐하면 '부산과 서울을 10분 이내에 이동할 수 없다' 고 생각하기 때문이다. 그러므로 여기서 양립할 수 없다고 생각해야 할 것은 오히려 '수경이는 부산에서 서울까지 10분 이내에 이동했다' 라는 주장과 '부산에서 서울까지 10분 이내에 이동할 수 없다' 는 주장일 것이다.

여기서 수경이가 10분 이내에 부산에서 서울까지 이동했다고 한다면 '서울에서 부산까지 10분 이내에 이동할 수 있다' 는 것을 의미한다. '수경이는 지금 부산에 있다' 는 주장과 '수경이는 10분 전에 서울에 있었다' 는 주장이 양립할 수 없다는 것은 '부산에서 서울까지 10분 이내에 이동할 수 있다' 는 주장과 '부산에서 서울까지 10분 이내에 이동할 수 없다' 는 주장의 양립 불가능성에서 유래된 것이다. 이것은 'A' 라는 주장과 'A가 아니다' 는 주장의 양립 불가능성이다.

'A가 아니다' 가 옳으면 'A' 는 틀린 것이고, 반대로 'A' 가 옳으면 'A가 아니다' 는 틀린 것이 된다. 그러므로 'A' 라는 주장과 'A가 아니다' 는 주장은 A가 어떠한 주장이든 간에 그 형태만으로도 양립 불가능한 것이다.

'A' 와 'A가 아니다' 를 동시에 주장하는 것, 즉 'A 또한 (A가 아니다)' 라는 주장은 '모순' 이다. '모순' 에는 여러 가지 의미가 있지만, 논리학에서는 **'A 또한 (A가 아니다)' 라는 주장의 형태를 '모순' 이라고 부른다.** 논리학에서 '모순' 이라는 의미는 더 좁고 엄격해진다고 생각하면 이해하기 쉬울 것이다.

일반적으로 두 주장이 논리적으로 양립 불가능할 때, 거기에는 반드시 'A 또한 (A가 아니다)' 라는 주장이 포함되어 있다. 만일 모순이 포함되어 있지 않다면, 아무리 양립하기 어려울 것이라고 생각해도 이것은 논리적으로 양립 불가능한 것이 아니다. 예를 들어 수능을 앞두고 공부는 하지 않으면서 좋은 대학을 목표로 하는 수험생들을 보면 우리는 뭔가 크게 착각하고 있다고 생각할 수도 있지만 모순이 포함된 것은 아니므로 논리적으로는 양립 불가능한 것이 아니다. 정말 운 좋게 공부는 하나도 안 하고 좋은 대학에 합격한 학생들도 있으므로 세상은 모순으로 가득 차 있다고 생각하겠지만, 이것 또한 모순은 아닌 것이다.

모순은 어떠한 상황에서도 올바른 주장이 될 수 없다. 따라서 모순은 반드시 부정되어진다. 바꾸어 말하면 모순의 부정은 반드시 옳은 것이 된다. 이는 논리적으로 인정된 논리법칙으로 '**모순율**'이라고 한다. 다음 문장을 보자.

모순율 'A 또한 (A가 아니다)'라는 것은 없다.

이와 같은 논리법칙 대부분이 그렇듯이 'A'에는 어떤 주장이라도 들어갈 수 있다. '(철수는 대학생이고, 또한 대학생이 아니다)라는 경우는 없다'라든지, '(너구리는 유대류이고, 또한 유대류가 아니다)라는 경우는 없다' 등등. 즉, 이러한 구체적인 주장을 전부 합쳐서 '(A 또한 A가 아니다)라는 경우는 없다'라는 형식의 문장을 반드시 옳다고 말하는 것이 모순율이다.

모순율은 배중률을 인정하지 않는 사람이라도 반드시 인정해야 한다. 예를 들어 애매한 경우를 생각해 보자. 어떤 장소를 알프스라고도, 알프스가 아니라고도 할 수 없는 애매한 장소라고 해 보자. 하지만 그곳은 '알프스면서도 알프스가 아니다'라는 것과는 다르다. 장소가 애매하다는 것은 어느 쪽이라고도 볼 수 없다는 뜻으로 양쪽을 딱 잘라 말하는 것과 전혀 다르다. 예를 들면 소신이 분명하지 않은 남자와 소신이 분명한 남자가 있는데, 소신이 분명하지 않은 남자는 '아냐, 그러니까 결혼한다고 한 적도 없고, 결혼하지 않겠다고 말한 적도 없는데……' 하면서 중얼중얼거린다. 반면 소신이 분명한 남자는 '결혼하자' 하고 분명하게 말함과 동시에 같은 여성에게 '하지만 결혼하지 않을 거야' 라고 말하는 식이다. 이 두 남자는 전혀 다르다. 내가 생각해도 좀 이상한 설명인 것 같지만, 이해해 주길 바란다.

배리(背理)는 부정된다

　논리에는 '**배리법**' 이라는 설경 방식이 있다. 보통의 논증 방법은 전제로부터 연역적 방법으로 결론을 도출하지만, 배리법은 그것과는 좀 다르다. 보통의 논증법을 '**직접논증**' , 배리법을 '**간접논증**' 이라고 불러 그 차이점도 부각된다.

　배리법에서는 우선 부정하고 싶은 주장을 가정한다. 그리고 그 가정에서 모순이 도출되는 것을 보여 준다. 어떤 가정 'A' 에서 모순을 이끌어 낸다고 하면, 'A' 는 부정된다. 이것이 배리법이다. 내가 태어나서 맨 처음 배리법을 배운 것은 아마도 학교에서 '$\sqrt{2}$가 무리수' 라는 증명을 배울 때였던 것 같다.

　수학시간에 '$\sqrt{2}$가 무리수' 라는 것을 증명할 때 $\sqrt{2}$를 유리수라고 가정했었다. 그리고 몇 개의 증명단계를 거치면 모순이 도출된다. 증명 과정 중에 모순되는 점이 나왔다는 것 때문에 가정은 부정되고, '$\sqrt{2}$가 무리수' 는 유리수가 아니라고 결론을 내린다. 마찬가지로 어떤 실수(實數)가 무리수인지 유리수인지 증명할 때에 실수는 반드시 무리수나 유리수 중 하나이므로 '유리수가 아니면 무리수', '무리수가 아니면 유리수'라는 결론을 먼저 내린다. 중학교 때 배운 이 증명법은 매우 재미있었던 것 같다.

이와 같이 배리법은 직접논증보다 조금 더 곰곰이 생각해 보아야 하는 논증법이다. 하지만 눈치가 빠른 사람이라면 이것은 부정의 의미 그 자체라고 해도 상관없다는 것을 깨달았을 것이다. 앞에서 부정은 "'A가 아니다'라고 말할 수 있는 것은 'A'라고 주장하면 틀리게 될 때이다"라고 규정했는데, 배리법 또한 "'A'를 가정하고 모순이 드러나면 'A가 아니다'"라는 결론을 내려도 좋다는 것이다. 똑같다는 생각이 들지 않나? 'A'를 가정하면 모순이 생긴다는 것은 'A'라고 주장하면 틀리게 된다는 것을 보다 엄격하게 말로 표현한 것에 불과한 것이다. 즉, 배리법이라는 것은 특별히 세련되고 복잡한 논증법이 아니라 어떤 주장을 부정해도 되는 것은 어떠한 때인가를 명확히 규정한 것이다.

부정의 논리

이번에는 지금까지 배운 부정에 관한 논리법칙을 정리해 보자.

배중률   A 또는 (A가 아니다)

이중부정칙 투입: A → (A가 아니다)는 아니다.

           추출: (A가 아니다)는 아니다. → A

모순율   'A 또한 (A가 아니다)' 라는 경우는 없다.

배리법   'A' 를 가정하여 모순이 드러났을 때 'A가 아니다' 라는 결론을 내린다.

이렇게 정리해 놓으면 '논리학이 이런 것이구나' 하는 느낌도 들고, 그럴듯하게 보일지도 모르겠지만, 가르치는 입장에서는 한숨이 먼저 나온다. 왜냐하면 너무나 당연한 것뿐이기 때문이다. 이걸 보여 주면 '아~그렇구나!' 하고 감탄하는 사람이 어디 있을까? '눈을 씻고 찾아도' 절대 그런 사람이 있을 것 같지 않다. 하지만 여기까지 오는 데에도 평탄한 길은 아니었던 것 같다. 여기까지 오는 길을 되짚어 보면서 '부정이라는 거, 심오하구나' 하고, 조금이라도 느낀다면 다행이다.

| 제 3 장 |

'또한'과 '또는'

논리와 접속사

논리란 일종의 말과 말의 관계이다. 따라서 말과 말을 연결하는 것이 논리에서는 매우 중요하다. 특히 논리학에서는 연역적 추론을 다룬다. 연역적 추론은 전제가 되는 몇 개의 문장과 결론이 되는 문장의 관계이므로, 문장과 문장을 연결 짓는 접속사가 논리학에서는 '부정'과 함께 가장 주요한 말이 되는 것이다. 가끔 '논리적'으로 표현하려면 어떻게 해야 하느냐고 질문을 받는데, 이 경우의 '논리적'이라는 것은 연역에 한정되지 않은 훨씬 넓은 의미이다. 이 질문에 대해 내가 유일하게 해 줄 수 있는 대답은 '접속 표현을 자각하면서 사용하라'는 것이다.

예를 들어 논리 따위는 별로 중요하게 생각하지 않는 잡담이라면, 하나의 발언이 있고, 이에 관련되어 나온 또 다른 발언이 이어질 것이다. 하나의 화제에서 다른 화제로 건너뛰는 것은 대개 연상되는 것이 있기 때문에 이때는 오히려 마음 가는 대로 하는 것이 좋다. 하지만 논리적인 발언이 요구되는 논문이나 회사 보고서와 같은 것 등을 작성할 때에는 마음 내키는 대로 쓰는 것이 허용되지 않는다. 하나의 발언은 반드시 그 이전의 발언을 근거로 하여 다음 발언으로 이어져야 한다(맨 처음의 문장은 예외이다. 이건 앞의 문장을 받을 방법이 없다. 그런 의미에서 맨 처음 문장을 쓰기가 매우 어렵다). 그래서 접속사나 접속조사와 같은 접속 표현을 의식적으로 사용한다는 것은 문장의 연결을 의식한다는 것이다.

내가 접속 표현을 의식적으로 사용하기 시작한 것은 대학시절부터였다. 자랑할 만한 일은 아니지만 수업을 자주 빠져 친구의 공책을 빌린 적이 있었는데, 글씨가 지렁이처럼 쓰여 있어서 공책을 봐도 전혀 알 수 없었다. 그래서 다른 친구에게 공책을 빌렸는데 처음 공책을 빌린 친구와는 수준이 달랐다. 빌린 공책에는 문장과 문장을 분명한 접속 표현을 이용하여 강의 내용이 연결되어 있었다. 우리는 당시 이과계열 학생이었기 때문에 공책에 접속 표현보다는 물론 수식을 많이 사용하였지만 그 공책에는 한 수식과 다음 수식 사이는 '그러나' 라든가 '그러므로' 라는 접속사로 연결되어 있었다. 이는 교수님이 그렇게 강의하거나 쓴 것이 아니라, 그 친구가 보완한 것이었다. 그렇게 해 놓으니, 논리가 매우 명쾌하게 전개되었다.

언어의 접속 표현을 조사해 보면 평소에 아무 생각 없이 사용하고 있지만, 종류가 매우 다양하고, 미묘한 차이가 있다. 나는 접속어를 자유자재로 사용하는 것이 논리력을 끌어올리는 지름길이라고 생각한다. 이야기가 잠시 일반적인 논리 쪽으로 새어 버린 것 같다. 다시 논리학으로 화제를 돌립시다. 논리학에서 다루는 접속사는 대단히 한정되어 있다. 취급하는 접속사가 한정되어 있을 뿐 아니라 '그리고'라는 접속사도 한정된 측면밖에 사용하지 않는다.

앞 장에서 부정에 대해 논했지만, 평소에 우리들이 사용하는 대부분의 부정 표현은 순수한 부정만이 아니라, 보다 적극적인 내용도 포함하고 있다고 했다. 따라서 논리학이 다루는 부정은 일상적인 언어의 부정 표현에 포함되는 순수한 핵과 같은 것이다. 접속사의 경우도 마찬가지다. 논리학에서는 접속어를 일상적인 언어의 접속 표현을 그대로 취급하는 것이 아니라, 거기에 포함된 순수한 '접속 형태'를 선별하여 사용하는 것이다.

우리가 여기에서 다루게 될 접속사는 '또한'과 '또는', '~라면'이다. 구체적으로 말하면 이 세 가지 접속사를 취급한다기보다 이 세 가지 접속의 형태를 다루게 된다. 먼저 '또한'과 '또는'을 살펴보고, 다음 장에서 '~라면'에 대해 배워 보도록 하자.

'또한'의 넣는 법과 빼는 법

    '또한'과 같은 접속어로 논리학은 대체 무엇을 하려는 것일까? 무엇을 하면 좋을까? 그 전에 논리학에서 무엇을 하지 않으면 안 된다고 생각하고 있는지, 그것을 명확히 정해 놓도록 합시다.

    논리학의 목표는 연역적 추론을 정리하고, 체계적으로 파악하고, 그것을 이론화하는 것이다. 그래서 지금 우리가 '또한'에 대해 하고자 하는 것은 이 단어가 사용되는 연역적 추론을 충분히 다룰 수 있도록, '또한'에 대한 기본적인 논리를 채택하는 것이다. 부정을 이야기할 때 설명했던 것도 역시 마찬가지였다. 이렇게 해서 우리는 부정에 관한 기본적인 논리법칙으로 배중률, 이중부정칙(투입과 추출), 모순율, 그리고 배리법을 채택하였다. 따라서 '또한'에 대한 기본적인 논리법칙도 선택해야 한다.

    여기서 '기본적'이라는 것은 어떤 의미일까? 여기서는 대략 두 가지 의미로 쓰인다. 하나는 자주 쓰이는 논리법칙이다. 자주 쓰이기 때문에 '기본적'이라는 것인데, 아주 중요하다. 하지만 더 중요한 의미가 있다. 부정을 설명할 때, 배중률이나 이중부정추출을 논리법칙으로서 인정하느냐 아니냐가 '부정의 의미를 어떻게 파악할 것인가'에 대해서 생각하게 하고, 더 나아가서는 그것이 다른 논리체계와 연결된다고 했다.

이와 같이 논리법칙은 **여기서 문제가 되고 있는 단어가 논리학으로 어떻게 규정되는가를 보여 주는 것**을 의미한다. 예를 들어 '또한'의 경우를 보면, 우리가 아직 목표로 하고 있는 표준적인 논리체계가 '또한'이라는 접속어의 어떤 측면을 채택하여 다룰 것인지를 알 수 없다. 이것은 그 논리체계가 '또한'의 경우 '어떤 논리법칙을 인정하느냐'와 관련되어 있다. 따라서 가장 먼저 논리체계에서 다룰 '또한'의 의미를 반영한 기본적인 논리법칙을 채택하지 않으면 안 된다.

여기에는 하나의 일반적인 방침이 있다. '또한'을 예로 들어 말하고 있지만, 여기서 논점은 일반적인 것이다. '또한'의 의미를 규정하는 기본적인 논리법칙으로 1) '또한'을 사용한 주장이 다른 어떠한 주장에 의해 도출되는 유형과 2) '또한'을 사용한 주장으로부터 어떤 다른 주장을 이끌어 내는 유형이 있는데, 이 두 가지의 조합이 있으면 좋다는 것이다.

설명하기 전에 이름을 먼저 알아보자.

1)번 유형을 '**도입칙**', 2)번 유형을 '**제거칙**'이라고 한다.

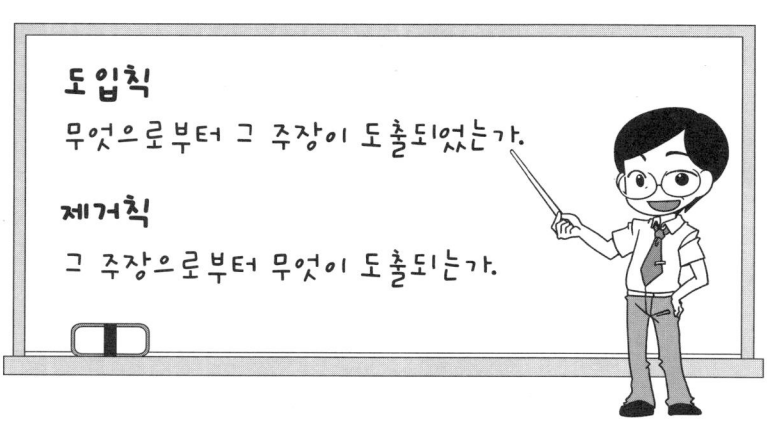

'어라?' 하고 생각하는 사람도 있을 것 같다. 혹시 어디서 본 적이 있는 것도 같고, 아닌 것 같기도 합니까? 그렇다. 이중부정칙을 설명할 때 '투입'과 '추출'에 대해 말한 적이 있다. 여기서 '투입'이 도입이고, '추출'이 제거이다. '또한'으로 예를 들면, 어떤 때에 '또한'을 사용하여 주장해도 되는지, 즉 '또한'이 들어간 문장을 만드는 경우를 규정한 것이 도입칙이고, '또한'이 들어간 문장으로부터 무엇이 귀결되는지를 규정한 것이 제거칙이다.

부정의 경우에 비교해서 설명하면 이중부정투입은 'A → (A가 아니다)는 아니다'이고, 이중부정추출은 '(A가 아니다)가 아니다 → A'였다. 하지만 이 두 가지로 부정의 의미가 드러난 것이 아니다. 이렇게 하면 부정은 언제나 둘이 함께 등장하게 되어 버리기 때문이다. 'A가 옳을 때에는 A의 이중부정을 주장해도 좋다'라는 것은 알지만, 어떤 때에 A의 부정을 말해야 좋은지는 알 수 없는 것이다. 그래서 부정의 도입칙은 배리법이 된다. 어떤 때 'A가 아니다' 라고 말할 수 있는가? 'A' 를 가정하였을 때 모순이 생기는 경우이다. 이것이 부정에 대한 도입칙이다. 부정의 제거칙은 이중부정추출에서 배리법과 이중부정추출의 조합으로 부정의 의미가 규정된다.

하지만 이중부정추출을 인정하지 않는 입장도 있다. 이 입장에서는 부정의 제거칙으로 이중부정추출은 사용할 수 없다. 여기에서 무엇을 가지고 '부정의 제거칙' 을 할 것인지 하는 이야기는 너무 복잡해지므로 이 부분에 대한 이야기는 하지 않는 것이 좋을 것 같다.

'또한' 에 대한 이야기로 다시 돌아가 보자. 'A 또한 B' 가 맞다고 주장할 수 있는 경우는 A와 B가 둘 다 옳다고 주장할 수 있을 때이다.

예를 들어 '철수는 알프스에 오른 적이 있다' 와 '영희는 알프스에 오른 적이 있다' 가 둘 다 사실이라면 '철수는 알프스에 오른 적이 있고, 또한 영희도 오른 적이 있다' 는 옳은 주장이 되는 것이다. 좀 더 일반적인 표현으로 '철수와 영희는 알프스에 오른 적이 있다' 라고 할 수 있지만, 이 경우에는 '또한' 이라는 접속 표현을 사용해야 하므로 다음과 같이 정리하도록 하겠다.

A, B → A 또한 B

이 문법표현의 이름은 '**또한 투입**' 으로 한다.

반대로 'A 또한 B' 가 옳을 때, 'A 또한 B' 로부터 어떤 주장을 이끌어 낼 수 있을까? 물어볼 필요도 없이 'A 또한 B' 에서는 A라는 단순문장과 B라는 단순문장을 각각 이끌어 낼 수 있다. '철수는 알프스에 오른 적이 있다. 또한 영희는 알프스에 오른 적이 있다' 라는 주장에서 '철수는 알프스에 오른 적이 있다' 와 '영희는 알프스에 오른 적이 있다' 를 이끌어 낼 수 있다. 이것이 바로 '**또한 추출**' 이다. 즉, 이는 '또한 투입' 과 '또한 추출' 로 명확히 나누어 쓸 수 있다.

'A 또한 B' → A

'A 또한 B' → B

물론 '또한 투입' 과 '또한 추출' 둘 다 그 자체만 보면 너무도 당연해서 당신에게 놀라운 사실이 아닐 것이고, 나 역시 감탄해 달라고 하지 않겠다. 중요한 것은 이 '또한 투입' 과 '또한 추출' 의 조합이며, 이것만으로 연역적 추론에 있어서 '또한' 의 역할이 충분히 규정될 것이라는 점이다. 즉, 연역적 추론에서 '또한' 이 들어가는 부분은 이 '또한 투입'과 '또한 추출'의 조합으로 모두 처리할 수 있다. 자세한 것은 뒤에서 다시 생각해 보자. 그렇게 되면 조금은 '오호~, 이거 재밌네!'라고 생각할 것이다.

'또한'의 친구들

나는 논리학의 예문 이외에 '또한'이라는 말은 잘 사용하지 않는다. 당신은 어떠한가? 문어체로는 자주 사용하지만, 구어체에서는 잘 사용하지 않는다. 오히려 말을 할 때에는 '그리고'라든지 '또'라는 단어를 사용한다. 그렇다면 잠시 여기에서 우리가 배우게 될 '또한'의 특징을 알기 위해서라도 '또한'의 친구들을 살펴볼 필요가 있을 것 같다.

'또한'의 친구 중에는 먼저 '그리고'가 있다. '그리고'라는 것은 '또한'과 제법 가까운 말이지만, 주의해서 사용해야 한다. 왜냐하면 '그리고'는 시간적 순서도 표현하기 때문이다.

예를 들면 '용석이는 수진이의 마음을 확인하고, 그리고 좋아한다고 고백했다'라는 문장에서 우리는 고백하기 전에 수진이의 마음을 먼저 확인했음을 알 수 있다. 좀 더 남자답게 용기를 냈다면 '고백하고, 그리고 수진이의 마음을 확인했다'고 할 수 있다.

‘A 또한 B’의 경우에 ‘또한 투입’과 ‘또한 추출’을 떠올리면 명확해지겠지만, A와 B의 순서는 관련이 없다. 그러므로 ‘A 또한 B’가 옳다면 ‘B 또한 A’ 역시 옳은 표현이 된다. 그러나 시간적 순서를 요하는 ‘그리고’는 ‘A 그리고 B’가 맞는다고 하더라도, ‘B 그리고 A’가 맞는다고는 할 수 없다. ‘또한 투입’과 ‘또한 추출’이 규정하고 있듯이 ‘또한’은 어디까지나 시간에 구애받지 않으며, A와 B 둘 다 성립한다는 것만을 나타낸다.

‘또한 투입’에 대응하여 시간적 순서가 있는 ‘그리고’(여기서 ‘그-리-고’라고 나타냄)의 도입칙을 택하면 어떻게 될까? 먼저 ‘A 그-리-고 B’가 옳은 경우는 어떤 때인가를 생각해 보자. 우선 ‘A’도 ‘B’도 옳지 않으면 안 된다. 이는 ‘A 또한 B’와 마찬가지 경우이다. 단 이 경우보다 ‘A는 B에 선행한다’는 조건이 있다. 즉, ‘A, B, A는 B에 선행한다 → A 그-리-고 B’, 이와 같은 의미가 아닐까?

이번에는 ‘또한’의 다른 친구를 소개할까 한다. 친구들 중에서 내가 가장 신경 쓰이는 것은 ‘그러나’이다. 우리는 어떠한 때에 ‘또한’, ‘그리고’가 아닌 ‘그러나’를 사용할까? 예를 들면 ‘효주는 시험공부를 거의 하지 않았다. 그러나 합격했다’라는 문장에 ‘그리고’를 사용하면 위화감(*즈화되지 않는 어설픈 느낌)이 느껴진다. ‘효주는 시험공부를 거의 하지 않았다. 그리고 합격했다.’ 문장이 매우 이상하다. 왜 위화감이 들까?

앞 장에서 ‘A’와 ‘A가 아니다’를 동시에 주장할 수 없다는 모순율에 대해서 설명했었다. 이는 '그러나' 에서도 변함이 없다. '문지는 지금 방에 있다. 그러나 문지는 지금 방에 없다' 는 것은 유령이 나타난 것 같은 재밌는 기분이 들기도 하지만, '또한' 의 경우와 마찬가지로 무슨 말을 하는지 모르겠다는 느낌이 든다.

하지만 '그러나' 의 경우는 양립가능성의 요구가 '또한' 보다 적기 때문은 아닐까? 반대로 'A 그러나 B' 의 경우에는 더 적극적으로 그 A와 B가 양립 불가능하다는 의미를 포함하고 있는 것은 아닐까? 물론 모순은 아니지만 거의 있을 수 없는 일이다. 마찬가지로 시험공부를 하지 않고도 대학에 합격한 것은 모순이 아니지만, 거의 있을 수 없는 일이다. 그래서 '그리고' 를 사용하면 문맥이 맞지 않고 어색한 느낌이 들지만, '그러나' 쪽은 뜻이 더 명확하게 전달된다. 이런 것이 아닐까? 그렇다면 '그러나' 의 도입칙은 다음과 같이 생각할 수 있다.

'A, B, A와 B는 양립이 불가능하다 → A 그러나 B'

원래 설명하려고 했던 것에서 옆길로 샌 후, '그-리-고' 와 '그러나' 를 조금 훑어 보았다. 우리가 주의해야 할 점은, 그것들은 모두 '또한' 이라는 접속 형태를 포함하고 있고, 거기에 덧붙여서 '그-리-고' 가 되거나 '그러나' 가 된다는 것이다. 'A 그리-고 B' 와 'A 그러나 B' 는 'A' 와 'B' 가 둘 다 옳다는 전제가 필요하다. 이때 'A

그리-고 B'나 'A 그러나 B'가 옳다면 'A'와 'B'라는 단독 주장 역시 옳다는 것을 도출할 수 있다. 즉, 우리가 규정한 '또한'은 '또한'의 친구들과 공통된 중심적 의미를 담고 있다고 말할 수 있을 것이다.

부정을 논할 때, 평소에 사용하는 부정을 나타내는 언어는 순수한 부정뿐 아니라 무엇인가 적극적인 내용도 포함하고 있었다. 하지만 우리가 목표로 하는 논리체계는 순수한 부정의 부분만을 '부정'으로 채택한다.

'또한'의 경우도 마찬가지이다. '또한' 계통의 여러 가지 언어는 순수한 '또한'만의 의미가 아니라, 거기에 덧붙여 플러스 알파의 의미를 가지고 있다. 그러나 이때 우리가 목표로 하는 논리체계에서는 순수한 '또한'이라는 접속 형태만을 채택하는 것이다.

이와 같이 순수한 '또한'이라는 접속 형태를 **연언(連言)**이라고 한다. 연언의 규칙을 정리하면 다음과 같다.

연언의 도입칙(또한 투입)   A, B → A 또한 B

연언의 제거칙(또한 추출)   1) A 또한 B → A

2) A 또한 B → B

사람들이 '또는' 이라고 말할 때

'또는' 에 대한 이야기로 옮겨 가자. '철수인지 영희인지, 누군 가는 설악산에 올라간 적이 있는 것 같다' 라는 표현을 봅시다. 여 기에서 채택하고 싶은 접속 형태는 '또는' 이므로 일부러 '또는' 을 강조하여 쓰면 '철수는 설악산에 오른 적이 있다. 또는 영희는 설 악산에 오른 적이 있다' 라고 표현할 수 있다. '철수는 설악산에 오 른 적이 있다', '영희는 설악산에 오른 적이 있다' 이 둘 중 하나는 적어도 옳다는 것이다.

결국 'A 또는 B' 라는 주장이 옳다는 것은 'A' 라는 주장이 옳든 지, 'B' 라는 주장이 옳은 경우이기 때문에 '또는' 의 도입칙(**또는투 입**)은 다음과 같이 정리할 수 있다.

(1) A → A 또는 B
(2) B → A 또는 B

하지만 이렇게 써놓고 보니, 뭔가 어색한 것 같지 않습니까? 주장 'A'가 옳다고 합시다. 이때 'A 또는 B'도 역시 옳은 것이 된다. 그러나 '그럼 'B'는 뭐지?'라는 소리가 들려오는 것 같다. 이 도입칙에 따르면 'B'가 무엇이든 상관이 없고, 틀린 주장이라고 하더라도, 심지어 'A'와 전혀 무관하다고 하더라도 상관없는 것처럼 보인다.

예를 들어 '꽁치는 생선이다'는 옳다. 그러면 여기에서 '또는 B' 자리에 어떤 내용을 넣어도 옳은 것이 된다. '꽁치는 생선이다, 또는 달에는 분화구가 존재한다'는 주장 역시 옳다. '꽁치는 생선이다, 또는 지수는 예쁘고 멋쟁이다'라고 하면 어색하지만, 옳은 주장이다. '또는'으로 연결되는 한쪽이 옳다면 다른 하나의 문장은 무엇이든 간에 그 '또는'이 들어가는 문장은 전체가 옳다. 이것이 바로 '또는'의 도입칙이 의미하는 것이다. 왠지 문맥적으로 맞지 않은 것 같고 어색한가?

이 어색한 문장은 'A'가 옳을 때, 그것에 편승하여 'A'와 전혀 관계없는 'B'를 붙여서 'A 또는 3'를 만들었기 때문이다. 원래 우리는 '꽁치는 생선이다, 또는 달에는 분화구가 존재한다'라든지 '꽁치는 생선이다, 지수는 예쁘고 멋쟁이다'와 같은 주장을 하지 않는다. 예를 들면 '철수는 설악산에 오른 적이 있다, 또는 영희는 설악산에 오른 적이 있다'와 같은 문장은 적당한 관련성을 가지고 있기 때문에 앞의 문장보다 어색하지 않다. 그러나 여기서 '적당한 관련성'이라는 것은 무엇일까? 이것이 꽤 복잡한 문제이다.

우리는 여기에서 '또는'의 의미의 핵심만을 채택해야 한다. 무엇이든 간에 'A 또는 B'라고 주장했다면, 그 주장이 옳다는 것은 'A'가 옳든지 'B'가 옳은 경우이다. 이것만을 '또는'이라는 말의 도입칙으로 채택한다. 또한 'A'와 'B'는 무관하지 않아야 한다는 조건은 복잡하기 때문에 다음에 다루도록 하자.

이렇게 하면 '또는'을 뺄 수 있다

'또는'의 제거칙은 어떻게 전개되는 것일까? 지금까지 또한 투입과 또한 추출, 또는 투입 등 그 자체만 보면 어색하고, 이상한 논리규칙들의 연속이었다. 여러 가지 문제는 있지만, 일단은 원칙적으로 가장 단순하고 순수한 것으로 가려는 의도였다. 그러나 'A 또는 B'가 옳다고 하여, 그로부터 'A'와 'B'가 옳다고 판단할 수는 없다. '또는 추출'은 그리 단순하지 않다. 도입칙(어떤 때에 'A 또는 B'를 사용할 수 있는가)과 제거칙('A 또는 B'로부터 무엇을 말할 수 있는가)의 조합을 도출해 냄으로써 우리들이 평소에 사용하는 '또는'의 역할을 확인해 보자.

예를 들면 '철수는 설악산에 오른 적이 있다, 또는 영희는 설악산에 오른 적이 있다', 여기서 '또는'을 사용하지 않고 어떤 주장을 도출할 수 있는가? 곰곰이 생각해 보아도 잘 모르겠으면 다음 방법을 사용하면 된다.

이러한 상황에 사용하는 것이 **소거법(消去法)** 이다. 예를 들면 A나 B 중에 하나를 선택한다. 하지만 선택했던 것이 A가 아니다. 그러면 여기에서 B라는 사실이 도출된다.

'철수 또는 영희는 설악산에 오른 적이 있는 것 같다'

'철수는 아니었던 것 같다'

'그럼 영희가 설악산에 오른 건가'

이러한 생각의 단계는 '또는'의 제거칙으로 사용된다.

이외에도 '또는'의 제거칙으로 사용되는 또 다른 후보가 있다. 설명하기 전에 정리를 하면 다음과 같다.

'A 또는 B', 'A라면 C', 'B라면 C' → C

이 문장의 뜻은 다음과 같다. 한쪽은 A도로, 다른 한쪽은 B도로가 있는 갈림길이 있는데, A도로로 가도 C라는 마을에 도착하고, B도로로 가도 C마을에 도착한다. 그래서 어떤 도로로 가든 반드시 C마을에 도착할 수 있다는 뜻이다.

이것을 **'어찌되었든 논법'** 이라고 부르자.

'어찌되었든 논법'도 '또는'의 제거칙으로 사용된다. 소거법과

'어찌되었든 논법' 중에서 어느 쪽이 더 나을까? 어느 쪽이든 상관 없지만, 나는 소거법을 사용하고 싶다.

'어찌되었든 논법'이라면 A와 B로부터 공통의 결론을 도출해 내기가 매우 어려울 것 같다. 예를 들면 '철수가 설악산을 오른 것' 과 '영희가 설악산을 오른 것'의 공통 귀결로 어떤 것이 있을까? '철수와 영희 둘 중 하나가 설악산에 올랐다. 철수가 올랐다면 나는 선물로 P2P를 받을 수 있다. 영희가 올랐다고 해도 나는 선물로 P2P를 받을 수 있다. 따라서 누가 산에 올랐든지 나는 선물로 P2P를 받을 수 있다' 정도가 아닐까? 이렇게 구체적인 예를 통해 볼 수도 있지만 이런 형태의 추론은 평소에 잘 하지 않는다. 따라서 '또는'을 빼는 추론으로서 소거법을 가장 일반적으로 사용한다.

소거법을 제거칙으로 채택하기 위해서는 두 가지가 필요하다. 즉 'A 또는 B'에서 A를 소거하고 B를 남겨 두는 경우와 B를 소거

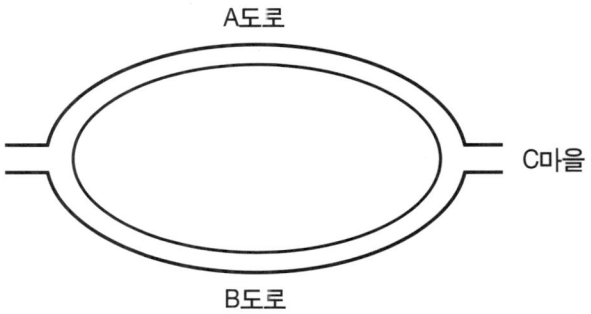

하고 A를 남겨 두는 경우이다. '어찌되었든 논법'은 하나로 끝나기 때문에 조금 편하기는 하지만, 본질적인 문제는 아니므로 소거법을 '또는'의 제거칙으로 사용한다.

　이와 같이 '또는 투입'과 소거법의 조합으로 규정되는 접속 형태를 **선언(選言)**이라고 부른다. '또한'은 '연언'이었다. 하지만 '연결해서 말하는 것'과 '골라서 말하는 것'이기 때문에 '또한'과 '또는'은 같은 느낌이 난다. 이번에는 선언의 도입칙과 제거칙의 조합을 정리해 보자.

선언의 도입칙(또는 투입)　(1) A → 'A 또는 B'

　　　　　　　　　　　　(2) B → 'A 또는 B'

선언의 제거칙(소거법)　　(1) A 또는 B, A가 아니다 → B

　　　　　　　　　　　　(2) A 또는 B, B가 아니다 → A

'또한'과 '또는'을 부정하면

지금까지 부정, 연언, 선언에 대해 살펴보았다. 그 도입칙과 제거칙은 부정, 연언, 선언의 의미를 규정한다는 점에서 기본적인 논리법칙이다. 그리고 도입칙과 제거칙에는 큰 힘이 내재되어 있다고 생각한다. 즉, 부정, 연언, 선언에 관한 연역적 추론은 전부 여기에서 채택한 도입칙과 제거칙을 사용하면 증명할 수 있기 때문이다. 이것이 만일 사실이라면, 굉장한 일이라고 생각하지 않습니까? 실제로 도입칙과 제거칙으로 부정, 연언, 선언에 관한 모든 논리법칙을 증명할 수 있다. 증명에 대한 자세한 설명은 제5장에서 하겠지만, 지금 표현한 '굉장함'을 조금이라도 느꼈으면 한다. 조금 이르기는 하지만, 그 기분만이라도 전하려고 시도해 볼까 한다. 지금까지 서술해 온 부정, 연언, 선언에 관한 간단한 규칙을 사용해서 복잡한 논리법칙이 옳다는 것을 증명해 보자.

여기서 사용할 법칙은 **'드모르간의 법칙'** 이다. (*드모르간: 영국의 수학자 · 논리학자(1806~ 1871). 집합 연산의 기초적 법칙인 '드모르간의 법칙'을 발견하였다. 저서에《대수 원론》,《대수학의 기초에 대하여》등이 있다.) 이 법칙은 매우 유명하고 중요한 논리법칙이다. 설명하기 전에 정리를 하면 다음과 같다.

(1) (A 또는 B)가 아니다 ↔ (A가 아니다) 또한 (B가 아니다)
(2) (A 또한 B)가 아니다 ↔ (A가 아니다) 또는 (B가 아니다)

여기서 양쪽 화살표의 의미는 다음과 같다.

'×× ↔ ○○'라는 형태로 쓰인 것은 두 가지를 하나로 합친 것이다. 하나는 '×× → ○○'이고, '××'가 성립한다면, 그때 반드시 '○○'도 성립한다는 것이고, 다른 하나는 '×× ← ○○'로 '○○'가 성립한다면 그때 반드시 '××'도 성립한다는 뜻이다. 이와 같이 양방향의 추론이 가능한 경우 '×× ↔ ○○'라고 쓰는데, 이때 '××'와 '○○'는 **논리적으로 동치**이다. 뉘앙스의 차이를 무시하고, 논리적 관점에서 보면 '××'와 '○○'는 같은 의미라는 뜻이다.

다시 드모르간의 법칙 (1)을 보자. '(A 또는 B)가 아니다'와 '(A가 아니다) 또한 (B가 아니다)'는 논리적으로 동치관계에 있다. 예를 들면 '철수나 영희가 방에 있다'가 부정되었을 때 '(철수나 영희가 방에 있다)는 것은 아니다'로 판단할 수 있다. 즉, '철수와 영희도 방에 없다'고 할 수 있다. 한마디로 말하면 **선언의 부정은 부정의 연언**'이 되는 것이다.

(2)는 지금의 '또는'과 '또한'을 교환한 것으로, '(A 또한 B)가 아니다'와 '(A가 아니다) 또는 (B가 아니다)'는 논리적으로 같은 의미라는 뜻이다. 예를 들어 '철수도 영희도 둘 다 방에 있다'가 부정되었다고 했을 때 '(철수도 영희도 둘 다 방에 있다)는 아니다'라는 뜻이다. 즉, '철수나 영희 중 적어도 한 명은 방에 없다'라는 뜻이다. 이것 역시 캐치프레이즈 식으로 말하면 **연언의 부정은 부정의 선언**'이 된다.

이처럼 드모르간의 법칙은 '또한'과 '또는'이 똑같이 다루어지고, 그런 의미에서 매우 명확한 논리법칙이 되는 것이다.

'A 또는 B'를 부정할 때에는 'A'와 'B'의 양쪽을 부정하지 않으

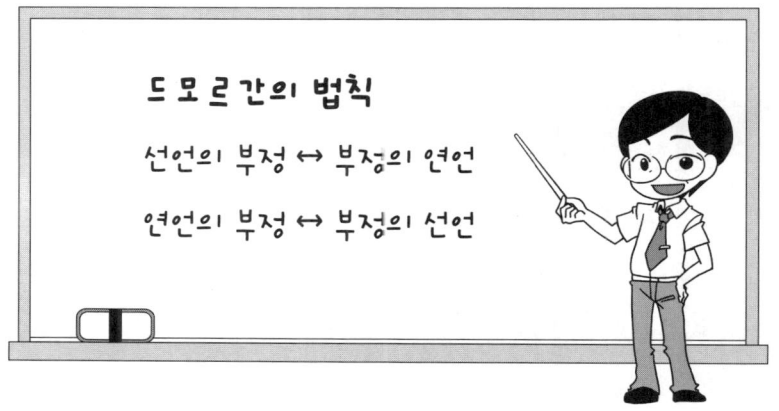

면 안 된다. 'A 또한 B'를 부정하는 데에는 'A'나 'B' 둘 중 하나를 부정하면 충분하다. 이는 '또는'과 '또한'으로 연결된 주장을 부정할 경우에 반드시 알아 두어야 할 사항이다. 다음 문제를 풀어 보자.

문제 : 드모르간의 법칙을 사용하여 다음 주장을 부정으로 고쳐 보자.

(1) 철수는 강아지와 고양이를 둘 다 키우고 있다.

(2) 영희는 강아지나 고양이 중 적어도 어느 한 마리는 키우고 있다.

(3) 영희와 철수 중 적어도 한 명은 강아지와 고양이를 둘 다 키우고 있다.

---

(1)과 (2)는 매우 순수한 확인 문제이다. 이에 반해 (3)은 연언 '또한'과 선언 '또는'이 섞인 복잡한 형태를 취하고 있어 조금 골치가 아프다.

(1)을 논리학적으로 매우 고지식하게 쓰면, '철수는 강아지를 키우고 있다. 또한 철수는 고양이를 키우고 있다'라고 쓸 수 있다. 이것은 연언이다. 그리고 이것을 부정하면 '(철수는 강아지를 키우고 있다. 또한 철수는 고양이를 키우고 있다)는 아니다'라고 쓸 수 있다. 이때 철수는 애완동물을 키우지 않는다는 의미가 아니므

로 두 문장 중 어느 한쪽은 틀릴 것이다.

(2)는 '영희는 강아지를 키우고 있다, 또는 영희는 고양이를 키우고 있다'는 선언이다. 부정하면 '(영희는 강아지를 키우고 있다, 또는 영희는 고양이를 키우고 있다)는 아니다'가 된다. 이때에는 두 문장 중 하나라도 옳은 것이 없기 때문에 부정하면 둘 다 틀리는 것이다.

(3)을 '또한'과 '또는'을 사용하여 고지식하게 서술하면, 좀 어색한 문장이 된다. '철수는 강아지를 키우고 있다, 또한 철수는 고양이를 키우고 있다' 또는 '영희는 강아지를 키우고 있다, 또한 영희는 고양이를 키우고 있다.' 이 문장을 부정하려면 복잡하므로 부분적으로 나누어 생각해 보자.

'철수는 강아지를 키우고 있다, 또한 철수는 고양이를 키우고 있다'를 A라 하고, '영희는 강아지를 키우고 있다, 또한 영희는 고양이를 키우고 있다'를 B라고 합시다. 그러면 전체는 'A 또는 B'가 된다. 이때 'A 또는 B'를 부정하면, '(A 또는 B)가 아니다'이다. 그리고 '(A 또는 B)가 아니다'에 드모르간의 법칙을 적용하면 'A가 아니다, 또한 B가 아니다'가 된다.

다음으로 'A가 아니다' 부분을 봅시다. A는 '철수는 강아지를 키우고 있다, 또한 철수는 고양이를 키우고 있다' 였으므로 'A가 아니다'에 드모르간의 법칙을 적용하면, '철수는 강아지를 키우고 있지 않다, 또는 철수는 고양이를 키우고 있지 않다'가 된다. B는

'철수'를 '영희'로 바꾸었을 뿐이다. 그리고 이것을 이전의 'A와 B'에 대입하면 부정이 완성된다.

그럼 답을 한번 써 봅시다.

(1) 철수는 강아지나 고양이 중 적어도 하나는 키우고 있지 않다.
(2) 영희는 강아지도 고양이도 키우고 있지 않다.
(3) 철수와 영희 모두, 강아지나 고양이 중 적어도 하나는 키우고 있다.

드모르간의 법칙이 확실히 머릿속에 입력되었는가?

우리가 규정한 부정, 연언, 선언의 도입칙과 제거칙을 사용하여 드모르간의 법칙이 어떻게 도출되는가를 전부 명확히 파악하려면 너무 복잡해지므로 다음에서 부분적으로 적절한 수준에서 흐름만이라도 따라가 보겠다.

드모르간 법칙

(1)의 '선언의 부정 ↔ 부정의 연언' 과 (2)의 '연언의 부정 ↔ 부정의 선언' 의 화살표 방향을 보면 좌측과 우측이 각각 있으므로, 합계가 4개이다. 여기서부터 지루함을 느끼면 안 되므로 먼저 (1)에 있는 화살표 두 개만 먼저 보도록 하자.

우선 지금까지 살펴본 도입칙과 제거칙을 정리하여 보면, 이것이 우리가 사용할 수 있는 도구의 전부라는 것을 알 수 있다. 말 그대로 도입칙과 제거칙뿐이므로 이외의 것은 당연히 성립될 것 같아도 절대 사용해서는 안 된다. 이 결벽증은 지독하면서도 어려운 것이다.

부정의 도입칙(배리법) A를 가정하여 모순이 도출되면 'A가 아니다' 라고 결론내려도 좋다.

부정의 제거칙(이중부정추출) (A가 아니다)는 아니다 → A

연언의 도입칙(또한 투입) A, B → A 또한 B

연언의 제거칙(또한 추출) (1) A 또한 B → A

(2) A 또한 B → B

선언의 도입칙(또는 투입) (1) A → A 또는 B

(2) B → A 또는 B

선언의 제거칙(소거법) (1) A 또는 B, A가 아니다 → B

(2) A 또는 B, B가 아니다 → A

증명하고 싶은 것은 드모르간의 법칙인 '선언의 부정 ↔ 부정의 연언'이지만, 화살표 방향에 따라 (a) '선언의 부정 → 부정의 연언'과 (b) '부정의 연언 → 선언의 부정'으로 나눌 수 있다. 하나씩 정리해 보자.

(a) (A 또는 B)가 아니다 → (A가 아니다) 또한 (B가 아니다)

우선 '(A 또는 B)가 아니다'를 전제로 시작한다. 여기에서는 '(A가 아니다) 또한 (B가 아니다)'가 도출되는 것을 보여 주면 된다.

결론은 '또한'으로 연결된 주장이다. '또한'을 넣기 위해서는

'A가 아니다' 와 'B가 아니다' 를 쌍방화살표로 표시하면 된다(또한 투입).

그리고 'A가 아니다' 와 'B가 아니다' 를 도출할 때에는 배리법을 쓴다.

그리고 A를 가정하면, 여기에서 'A 또는 B' 를 도출할 수 있다(또는 투입).

그러나 'A 또는 B' 는 전제 '(A 또는 B)가 아니다' 와 모순된다. 따라서 가정을 부정하여 'A가 아니다' 가 도출된다.

마찬가지로 'B' 를 가정하면 여기에서 'A 또는 B' 가 도출되는데, 이것은 전제와 모순이므로 가정을 부정하여 'B가 아니다' 를 도출할 수 있다.

그리고 마지막으로 'A가 아니다' 와 'B가 아니다' 를 '또한' 으로 연결하면 '(A가 아니다) 또한 (B가 아니다)' 가 만들어진다. 이것으로 완성!

순서를 따라 써 봅시다.

'(A 또는 B)가 아니다' 를 전제한다.

A를 가정한다(배리법의 가정).

거기에서 'A 또는 B' 가 도출된다(또는 투입).

이는 전제와 모순되므로, 가정을 부정하여 'A가 아니다' 가 도출된다(배리법).

마찬가지로 'B가 아니다' 도 도출된다.
따라서 '(A가 아니다) 또한 (B가 아니다)' 가 도출된다(또한 투입).

다음은 그 역방향 증명이다. 앞에서 푼 문제의 결승점과 출발점을 바꿔 놓고 생각해 보자.

(b) (A가 아니다) 또한 (B가 아니다) → (A 또는 B)가 아니다.

이번에는 '(A가 아니다) 또한 (B가 아니다)' 를 전제하고, 여기에서 '(A 또는 B)가 아니다' 를 도출해 내는 것을 목표로 한다.

도출해 내고 싶은 결론에 부정이 있으므로 배리법을 사용한다. 'A 또는 B' 를 가정하고, '(A가 아니다) 또한 (B가 아니다)' 를 사용하여 모순된다는 것을 나타내면 된다.

어떻습니까? 이해가 됩니까?

'또한 추출' 을 하고, 소거법을 이용한다.

'(A가 아니다) 또한 (B가 아니다)' 를 분해하고, 각각 'A가 아니다' 와 'B가 아니다' 를 도출한다(또한 추출). 'A가 아니다' 와 'A 또는 B' 로부터 'B' 를 도출해 낸다(소거법). 예상했던 것처럼 'B' 와 'B가 아니다' 가 다 나왔다.

순서대로 정리해 봅시다.

'(A가 아니다) 또한 (B가 아니다)'를 전제한다.

그로부터 'A가 아니다'와 'B가 아니다'가 도출된다(또한 추출).

'A 또는 B'를 가정한다(배리법의 가정).

'A가 아니다'와 'A 또는 B'로부터 'B'가 도출된다(소거법).

'B'와 'B가 아니다'는 모순이다.

고로 가정을 부정하여, '(A 또는 B)가 아니다'가 도출된다.

논리학의 증명이 어떤 것인지 조금이라도 아시겠습니까? 여기서 핵심은 부정, 연언, 선언의 도입칙과 제거칙을 사용하여 드모르간의 법칙과 같은 논리법칙이 도출되는 것이다. 그리고 더욱 중요한 것은 도입칙과 제거칙을 사용해서 도출되는 것은 드모르간의 법칙뿐만 아니라, 이와 관련된 논리법칙 모두가 이것을 사용하여 도출된다는 점이다. 이것만은 반드시 기억해 두자.

하지만 이것만으로 부정, 연언, 선언에 관한 모든 논리법칙이 정말 도출된다는 것을 어떻게 하면 더 확실하게 증명할 수 있을까? 이것은 드모르간의 법칙을 하나 증명해 보이는 것보다 더 대단한 일일 것이다. 이것은 '어떠한 논리법칙이라도 증명할 수 있지'라는 것을 증명하는 것이니 말이다. 그러한 증명을 명확히 제공하는 것은 이 책의 범위를 넘는 것이므로 제5장에서 우리가 목표로 하는 논리체계가 전체적으로 보이기 시작했을 때, 다시 이야기해 보자.

제 4 장

'~라면'의 구조

'~라면' 때문에 곤란하다

'또한'과 '또는'에 이어 우리가 취급할 또 하나의 접속사는 '~라면'이다. 그러나 솔직히 말하면 어떻게 서술해 나아가야 할지 조금 걱정이 된다. 눈치가 빠른 독자는 "'~라면'을 취급할 거라면 '~라면'의 도입칙과 제거칙으로 도출하고, 그것으로 '~라면'의 의미를 규정한 다음, '~라면'에 관한 기본적인 논리법칙을 배우는 거 아니에요?"라고 할지도 모르겠다. 아니, 오히려 이렇게 말하는 쪽이 이상적인 독자라고 할 수 있다.

제3장까지 나는 논리학을 만들어 가는 기본적인 틀의 감촉만이라도 전해 줄 수 있으면 하는 마음으로 글을 써 왔다. 그런데 제4장은 '~라면'에 관한 이야기이므로, 여기에서도 '또한'이나 '또는'과 같은 방식으로 전개하면 될 것 같다. 이 책을 통해 독자들에게 알려 주고자 하는 논리체계의 전반적인 내용이 머릿속에 그려져 있기 때문에 어떤 것을 도입칙이나 제거칙의 예로 쓸지 이미 결정

이 되어 있다. 그리고 평소 사용하는 언어의 범위 안에서 벗어나지 않으면서 일상적인 언어생활과 자연스럽게 연상될 수 있도록 논리학의 이해를 높여 가고 있다. 그러나 일상적으로 쓰는 '~라면'과 논리체계에서의 '~라면'의 규정이(이때 제거칙은 상관없고, 도입칙이 문제이다) 매우 동떨어진 것이 문제이다.

구구절절이 '~라면'에 대한 표면적인 이야기만 읽는 것보다는 본격적으로 설명하는 것이 좋을 것 같다. '~라면'은 **'조건법'**이라고 부르는데, 다음과 같은 도입칙과 제거칙의 조합으로 규정할 수 있다.

> **도입칙** 'A'를 가정하고 'B'가 도출되었을 때, 'A라면 B'라고 결론지어도 좋다.
>
> **제거칙** A, A라면 B → B

문제는 도입칙 '**~라면 투입**'이다. 'A'를 가정했을 때 'B'가 '도출된다'고 하자. 그런데 이 도입칙은 부정의 도입칙(배리법)과 모양이 조금 비슷하다. "'A'라고 가정하고 모순이 도출되었을 경우, 'A가 아니다'라고 결론지어도 좋다." 배리법에서도 '도출된다'는 말을 사용한다. 여기서 '도출된다'는 '연역적으로 추론된다'는 의미이다. 즉, A를 가정하였는데 여기에서 모순이 연역적으로 추론되었을 때에는 'A'를 부정하라는 것이다. 마찬가지로 '~라면'의 도입칙인 경우에도 '도출된다' 는 당연히 '연역적으로 추론된다' 는 의미이다.

그러나 우리가 평소에 사용하는 '～라면' 은 대부분 이런 의미로 사용하는 것이 아니다. 예를 들면 '이번에 전철을 타지 못하면 지각이다!' 는 '이번에 전철을 타지 못한다' 라는 것에서 '지각한다' 는 것을 연역적으로 추론한 것일까? 이해가 잘 되지 않으면 다음의 예를 보자. '6세 미만의 어린이는 어른과 동반하지 않는다면 탈 수 없다' 라는 규칙은 '6세 미만의 어린이이고, 어른과 동반하지 않았다' 라는 것에서 '탈 수 없다' 라는 연역적 추론을 한 것이 아니다. '저 동물이 우제류(*偶蹄類 소류 · 소목 · 우제목이라고도 한다. 자연산으로는 오스트레일리아 · 뉴질랜드 · 남극 등을 제외한 전 세계에 널리 분포하는 육상 포유류로, 현재 말류보다 더 활발하게 번성하고 있다)라면, 발은 짝수 개이다.' 이 문장은 우제류의 정의에 속하는 것이기 때문에 연역적 추론이라그도 할 수 있지만, 지금 우리가 다루려고 하는 부정, 연언, 선언 및 조건법에 따라 성립되는 연역적 추론은 아니다.

그런데 한 가지 짚고 넘어가야 할 점은 '도출된다' 는 것에서 무엇을 생각할 수 있느냐는 것이다. 예를 들면 앞에서 사용한 '도출된다' 는 "'A 또한 B' 로부터 'A' 가 도출된다"와 같은 의미이다. 이와 같은 경우에 '(A 또한 B)라면 A' 라고 결론지어도 좋다는 것이 우리가 지금 파악하고자 하는 '～라면' 의 도입칙이다. 그렇다면

'이번에 전철을 타지 못하면 지각이다' 같은 문장은 어떻게 하면 좋을까? 나는 여기에서 고민에 빠졌다.

'~라면'의 도출 방법

도입칙을 '~라면'에 어떻게 적용해야 할지 좀 고민스러운 데에 비해 제거칙은 어렵지 않다. 'A라면 B'가 지금 어떤 의미를 담고 있다고 하더라도 'A라면 B'와 'A'가 성립하면 'B'가 결론으로 나온다. 예를 들면 '이번에 전철을 타지 못하면 지각이다. 아, 타지 못했다. ……지각이다.'라든지, '아직 6세 미만이고, 어른과 동반하지 않으면 이 놀이기구를 탈 수 없다. 너는 아직 6세 미만이고, 어른들도 함께 없잖아. 그러니까 탈 수 없어'라는 말은 모두 논리적이다.

'A, A라면 B → B'를 '전건긍정식(前件肯定式)'이라고 한다. 왜냐하면 'A라면 B'라는 조건문에서 조건 'A'를 '전건', 귀결 'B'를 '후건'이라고 하는데, 이 전건을 긍정하여 'B'를 결론으로 삼기 때문이다. 하지만 줄여서 **'긍정식'**이라고도 불리므로 지금부터 우리도 '긍정식'으로 부르기로 하자.

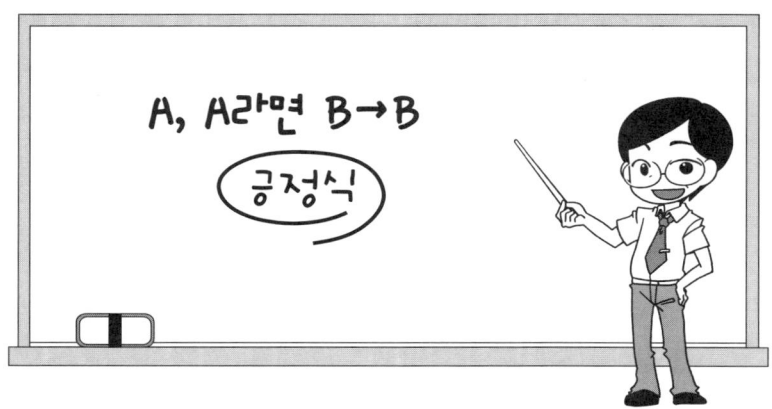

　다시 한 번 언급하지만 'A라면 B' 라는 문장에서 'A' 를 단정할 수도, 'B' 를 단정할 수도 없다. 예를 들면 '암컷 코알라라면 육아 낭이 있을 것이다' 라는 주장은 무엇인가에 대하여 그것이 암컷 코알라라고 단정하는 것이 아니고, 육아낭이 있다고 단정하는 것도 아니다. 따라서 'A' 는 어디까지나 조건 또는 가정일 뿐이다. 그러므로 제거칙을 생각할 때에도, 단지 'A라면 B' 만이 아니라, 'A라면 B' 에 'A' 라는 전건의 긍정을 조합시켜, '~라면' 이 없는 주장 'B' 를 결론으로 도출하는 것이다.

도입칙, 어떻게 할 것인가?

화제를 도입칙으로 옮겨 보자. 어떻게 생각하면 좋을까? 처음으로 돌아가 논리의 체계에 대해 생각해 보자. 우리는 지금 무엇을 하고 있는가?

우리들이 목표로 하고 있는 논리체계는 논리학이 제공하는 여러 가지 체계 중에서 가장 기본적인 것이기 때문에 부정, 연언, 선언, 그리고 조건법과 관계되는 연역적 추론을 체계적으로 파악해 가고 있다. 이와 같은 논리체계를 '**명제논리(命題論理)**'라고 하는데, 우리는 지금 명제논리의 표준적인 체계의 길로 나아가고 있는 것이다.

명제논리에서 가장 기본적인 접속 형태는 부정, 연언, 선언, 그리고 조건법이다. 그리고 우리는 이 규정을 기초로 부정, 연언, 선언, 조건법이 관계된 모든 연역적 추론을 파악한다. 아직 눈치 채지 못한 사람도 있겠지만, 우리가 규정하고 있는 것은 단순히 부정이나 몇 가지 접속어의 의미만이 아니다. 여기에는 '연역적으로 추론한다'는 것의 의미도 규정한다. 앞에서 미리 설명을 하지 않았으니 몰랐다고 생각할 수도 있다. 하지만 생각해 보면 굉장하지 않은가?

조건법의 도입칙(~라면 투입)을 보자.

'A'를 가정하고 'B'가 도출되었을 때, 'A라면 B'라고 결론지어도 좋다.

여기서 '도출된다'의 의미는 무엇일까?

예를 들면 'A 또한 B'로부터 'A'가 도출된다(또한 추출). 그러므로 '~라면 투입'에 따르면, '(A 또한 B)라면 B'라고 결론지어도 좋다. 혹은 '(A가 아니다)가 아니다'로부터 'A'가 도출된다(이중부정추출). 그러므로 '~라면 투입'에 따라 '((A가 아니다)가 아니다)라면 A'라고 결론지어도 좋다. 여기서 '도출된다'라는 것은 '또한 추출'이나 '이중부정추출'과 같은 우리의 논리체계(표준적인 명제논리)가 인정하는 논리법칙에 따라 결론지을 수 있다는 의미이다.

'또한 추출' 및 '이중부정추출'을 조합하여 더 복잡한 도출을 해도 상관없다. 예를 들면 드모르간의 법칙 중 하나인 '(A 또는 B)가 아니다'로부터 '(A가 아니다) 또한 (B가 아니다)'가 도출되는 것을 앞 장에서 보았다. 이때 '~라면 투입'에 따르면 '((A 또는 B)가 아니다)라면 (A가 아니다) 또한 (B가 아니다)'라고 결론지을 수 있다.

즉, 도입칙과 제거칙은 기본적으로 무엇인가로부터 다른 무엇인가를 도출해도 되는가를 규정하는 것이자, 반대로 어떠한 도출이 여기에서 '연역적 추론'으로 인정받고 있는지 규정하는 것이다. 따라서 예를 들면 배중률을 인정하지 않는 비표준적인 명제논리 체계에서는 '(A가 아니다)가 아니다'에서 'A'는 도출되지 않는다. 그 논리체계에서는 연역적 추론으로 간주되지 않기 때문이다.

이러한 관점에서 보았을 때 조건법의 도입칙(~라면 투입)은 좀 독특하다. 도입칙은 무엇이 연역적 추론인가를 규정하지 않고, 반대로 무엇이 연역적 추론인가에 전면적으로 의존하고 있는지 중점을 둔다. 조건법의 도입칙은 "'A'를 가정하여 'B'가 도출될 때, 'A라면 B'라고 결론지어도 좋다"인데, 여기에서 말하고 있는 '도출되다'라는 것은 '다른 도입칙과 제거칙(또는 그것의 조합)에 따라 결론지을 수 있다'라고 하는 것과 같다.

즉, 조건법의 도입칙이란 그것이 속해 있는 논리체계의 연역적 추론을 통째로 등에 지고, 그 위에 "이 논리체계에서 A로부터 B를 연역적으로 추론할 수 있을 때 'A라면 B'라 말할 수 있다"라고 서술하는 것이다.

다시 말하면 '~라면'의 도입칙만으로는 마치 아무런 내용이 없는 것과 같다. 무엇인가로부터 다른 무엇인가를 도출해도 좋은가 하는 다른 규정을 동반해야 비로소 '~라면'의 도입칙은 내용을 갖게 되기 때문이다. '~라면'의 도입칙은 단독으로는 내용을 가질 수 없다. '그런 거였구나!' 글을 쓰고 있는 '필자가 감탄하면 어쩌자는 거야' 하고 생각하겠지만, 뭔가 대단한 것을 깨달은 기분이 든다.

이론적으로는 알아봤으니 앞에서 언급했던 예를 다시 생각해 보자. '이번에 전철을 타지 못한다면'이라는 것은 어떤 것일까? 왠지 우리의 논리체계는 이런 형태의 '~라면'의 도입과는 관계가 없는 것 같다. 실제로 '이번에 전철을 타지 못한다면 지각이다' 따위는 원인과 결과의 관계(인과관계)를 서술한 것인데, 어떤 경우에 두 가지 사건 사이에 인과관계를 주장할 수 있는지는 아직 철학적으로도 해결하지 못할 정도로 어려운 문제이다. 따라서 이것은 차치해 두자.

제거칙은 어떤 이유로 그렇게 주장하는 조건문으로부터 뭔가의 귀결을 도출하는 것이므로, 그 조건문이 어떻게 만들어졌는지는 상관이 없다. 예를 들면 '이번에 전철을 타지 못하면 나는 지각이다'라는 인과적 조건문과 '나는 타지 못했다'를 조합하면, 제거칙을 적용하여 '따라서 나는 지각이다'라는 결론을 지을 수 있다.

명제논리 속에 인과적 조건문을 도입할 수는 없지만, 다른 데에서 도입된 인과적 조건문에 대해 명제논리의 '~라면'의 제거칙,

즉 긍정식을 적용하는 것은 가능하다. '6세 미만의 어린이는 어른과 동반하지 않으면, 놀이기구를 탈 수 없다' 라는 조건문과 '6세 미만으로 어른을 동반하지 않은' 을 조합하면, 긍정식을 적용하여 '따라서 탈 수 없다' 라고 결론지을 수 있는 것과 마찬가지이다. 표준적인 명제논리가 자신에게 도입하는 'A라면 B' 는 'A로부터 B를 연역적으로 추론할 수 있다' 는 의미일 뿐이다. 이때 인과적 '∼라면' 에 대한 의미로 연역적 '∼라면' 이라고 부른다.

표준적인 명제논리가 스스로 조달하는 '∼라면' 은 이 연역적 '∼라면' 뿐이다. 하지만 연역적 '∼라면' 은 외부에서 만들어진(인과적인 '∼라면') '∼라면' 을 거부하지도 않는다. 자기 스스로 인과적인 '∼라면' 을 사용하지는 않겠지만, 다른 곳에서 만들어진 인과적 조건문에 대해 '∼라면' 의 제거칙을 적용하는 것에 인색하지 않고, 다른 부정, 연언, 선언에 관한 여러 가지 논리법칙을 인과적인 조건문에 적용하는 것도 거부하지 않는다. 이것은 지금까지 부정과 연언 부분에서도 보아 왔던 '더 풍부한 의미도 있지만, 어떤 경우에도 사용되는 공통의 핵심 부분만을 채택하자' 는 태도와 상통한다. 또한 이 점이 논리학의 범용성을 만들어 내는 것이다.

표준적인 명제논리가 다루는 '∼라면' 을 일상적인 언어에서 사용하는 측면을 보면, 연역적인 '∼라면' 에 한정되어서 매우 협소한 것처럼 보이지만, 결코 부정적인 것이 아니다. 물론 '∼라면' 전반에 관한 분석으로는 부족한 설명이지만, 예컨대 '인과' 라는 각각의 화제 영역에 대한 다른 논의와 언제라도 즉시 접속이 가능한 태세를 취하고 있다고 생각하면, 오히려 편리하다고 할 수 있을 것이다.

'~라면' 의 부정

'~라면' 은 추론에 있어서 매우 중요한 접속사로 실용적인 면에서도 알아 두면 좋은 기본적인 논리법칙이 여러 가지가 있다. 지금부터 그것을 살펴보도록 하자. 우선, '~라면' 의 부정부터 생각해 보자.

문제 : '가격이 절반으로 내려가면, 철수는 그 도시락을 산다' 라는 주장을 정확하게 부정한 것을 고르시오.

1) 가격이 절반으로 내려도, 철수는 그 도시락을 사지 않는다.

2) 가격이 절반으로 내려가지 않더라도, 철수는 그 도시락을 산다.

3) 가격이 절반으로 내려가면, 철수는 그 도시락을 사지 않는다.

대부분의 사람들이 고개를 갸우뚱할 것이다. 그리고 평소에 우리가 어떤 상황에서 이런 말을 사용하는가를 생각해 보면, 꽤 애매하다는 느낌을 받을 것이다. 답은 다음 쪽에 있다.

먼저 2)부터 봅시다. 문제는 '가격이 절반이면, 철수는 그 도시락을 산다' 는 말이 '가격이 절반으로 내려가지 않으면, 철수는 그 도시락을 사지 않는다' 라는 것을 포함하고 있는가 하는 점이다. 이 것 역시 미묘하여, 모두 대답이 제각각일 것 같다.

왠지 '가격이 절반으로 내려가면 산다' 는 '가격이 절반이 아니면 사지 않는다' 를 포함하고 있는 듯한 생각이 든다. 하지만 예를 들어 철수가 도시락을 살 때의 기준은 (싸고 맛있다면 금상첨화겠지만) 값이 싸거나 맛있거나 둘 중 하나일 것이다. 이때 도시락의 가격은 싸지 않아도 맛있다면 지갑을 털어 사는 경우나, 맛은 없어도 값이 싸서 억지로 참고 먹는 경우는 '가격이 절반으로 내려가면 산다' 는 '가격이 절반이라면 맛은 상관없이 산다' 의미이므로 이 문장의 부정이 '가격이 절반으로 내려가지 않으면, 사지 않는다' 라고 말할 수는 없는 것이다.

그러므로 평소에 이런 말을 할 때는 주의해서 명확한 뜻을 밝혀야 한다. 즉, '가격이 절반으로 내려가면 철수는 이 도시락을 반드시 산다. 가격이 절반으로 내려가지 않으면 살 수도 있고, 사지 않을 수도 있다' 라는 식이나 '가격이 절반으로 내려가면 철수는 그 도시락을 산다. 하지만 가격이 절반이 아니라면 그 도시락을 사지 않는다' 라는 식으로 명확히 구분해야 한다.

따라서 정답은 1)번이다. 맞혔습니까?

우리가 생각해 봐야 할 문제는 우리가 채택한 '~라면' 에 대한 규정을 이 문제에 어떻게 응용하는가이다. 지금 여기서 문제가 되는 것은 '제거칙' 에 관한 것이다.

그리고 우리가 채택한 제거칙은 긍정식 'A, A라면 B → B' 였다. 이러한 경우 A가 아니면 어떠한 결론도 내릴 수 없다. 즉, 'A라면 B' 일 때, 'A가 아니다' 라고 할 수 있다고 하여 여기에서 'B다' 또는 'B가 아니다' 라고 할 수 없는 것이다.

따라서 우리가 규정한 '~라면' 의 의미에 따르면 2) '가격이 절반으로 내려가지 않더라도, 철수는 그 도시락을 산다' 는 문제에서 주어진 문장을 부정한 것이 아니다. 다시 말하면 '가격이 절반으로 내려가면, 그 도시락을 산다' 라는 주장과 '가격이 절반으로 내려가지 않더라도 도시락을 산다' 라는 주장은, 논리체계(표준적인 명제논리)에서는 양립가능하다. '가격이 절반으로 내려간다면, 철수는 그 도시락을 산다' 라고 주장했을 때, '가격이 절반으로 내려가지 않았어도 샀어' 라고 반론해도 '그건 내가 한 말과 별로 상관없잖아' 라는 말을 듣고 대화는 허망하게 끝나 버리는 것이다.

이번에는 3)을 봅시다. 3)은 상식적으로 문제에서 주어진 문장과 양립 불가능하다고 생각한다. 그러나 우리의 논리체계에서는 양립가능하다. 두 문장을 나란히 써 보자.

가격이 절반으로 내려가면, 철수는 그 도시락을 산다.

가격이 절반으로 내려가면, 철수는 그 도시락을 사지 않는다.

양립가능하다는 것은 이 두 문장을 동시에 주장해도 모순되지 않는다는 것이다. 양쪽을 동시에 주장해 보자. '가격이 절반으로 내려가면 철수는 도시락을 산다, 또한 사지 않는다'라는 문장은 모순인가? 그렇지 않다. 이해가 가지 않는다면 다음 설명을 보자.

'그 도시락이 절반 가격이 되었다'고 가정해 보자. 이 문장을 가정이라고 한다면 '철수는 그 도시락을 사며, 또한 사지 않는다'라는 모순이 도출된다. 이 경우에는 배리법에 따라 가정이 부정되지 않으면 안 된다. '그 도시락 가격이 절반으로 내려갔다'라고 가정하면 모순이 되어 버리므로 '그 도시락의 값이 절반으로 내려가는 경우는 있을 수 없다'라는 의미이다. 이것은 앞의 주장을 동시에 주장했을 때의 결론이기도 하다. '뭐야 이건' 하고 생각하거나, 야유를 보내거나, 황당해 하는 표정을 짓는 독자도 있을 것 같다.

'A라면 B'와 'A라면 (B가 아니다)'를 동시에 주장하면 어떻게 될까? 이 경우에는 'A'를 가정하면 'B 또한 (B가 아니다)'라는 모순이 도출된다. 그리고 결국 배리법에 따라 'A'가 부정될 것이다. 우리의 논리체계인 표준적인 명제논리에 따르면 'A라면 B'와 'A라면 (B가 아니다)'를 동시에 주장한다는 것은 'A가 아니다'라고 주장하는 것과 같은 것이다.

반대로 평소 말하는 방식처럼 '가격이 절반으로 내려가면, 철수는 그 도시락을 산다'와 '가격이 절반으로 내려가도 철수는 그 도시락을 사지 않는다'가 양립 불가능하다고 생각되는 것은 왜일까? 이것은 매우 어려운 문제이다. 흥미를 느낀다면 다음 설명을 잘 보길 바란다.

반복해서 말하면 표준적인 명제논리에서 'A라면 B'와 'A라면 (B가 아니다)'가 모두 옳을 경우 배리법에 따라 'A가 아니다'라는 결론이 나온다. 즉, 'A라면 B'에서는 조건 A가 만족되지 않을 경우에도 'B'라고 주장할 수 있는 것이다. 반대로 말하면 A라는 조건이 충족된 경우에는 'A라면 B'와 'A라면 (B가 아니다)'는 한쪽은 B, 다른 한쪽은 'B가 아니다'라는 전혀 상반된 결론을 도출한다. 우리가 이 두 가지 조건문에 대해 직감적으로 양립 불가능하다고 느끼는 것은 이와 같은 조건 A가 만족되는 경우를 염두에 두고 있기 때문이다. 여기에서 표준적인 명제논리의 '~라면'과 평소에 쓰이는 '~라면'의 차이점이 드러난다. 평소에 쓰이는 '가격이 절반으로 내려가면, 철수는 그 도시락을 산다'라는 조건문에는 그 도시락이 절반 가격으로 내려가는 경우가 있다는 것이 전제되어 있다. 그리고 실제로 그 도시락이 절반 가격이 되는 경우에는 '가격이 절반으로 내려가면, 철수는 그 도시락을 산다'라는 조건문과 '가격이 절반으로 내려가면, 철수는 그 도시락을 사지 않는다'라는 조건문은 정반대의 결론을 도출한다. 그러므로 일상적으로는 조건 A가 충족되는 경우가 있다는 것을 전제로 하여 'A라면 B'와 'A라면 (B가 아니다)'를 주장하게 되므로 표준적인 명제논리와 달리 우리는 그 둘을 양립 불가능하다고 간주하는 것이다.

다시 본론으로 돌아가 보자. 'A라면 B'의 부정은 무엇일까? 도입칙과 제거칙이 규정하는 '~라면'의 의미에 따르면, 조건 A가 성립되지 않을 경우에는 B이든 B가 아니든 상관이 없다. 여기에서는 A가 성립되는 경우가 문제이다. 그리고 A가 성립될 경우 B이면 아무 문제가 없는 것이므로, 'A라면 B'가 부정되는 것은 A는 성립이 되지만, B가 성립되지 않는 경우이다. 따라서 '가격이 절반으로 내려가면 철수는 그 도시락을 산다'의 부정은 '가격이 절반으로 내려가도 철수는 그 도시락을 사지 않는다'가 된다. 또 다른 예를 들면 '한라산이 용암을 분출하면 제주도는 없어진다'의 부정은 '한라산이 용암을 분출해도 제주도는 없어지지 않는다'가 된다. 이를 정리하면 다음과 같다.

'~라면'의 부정   (A라면 B)가 아니다 → A 또한 (B가 아니다)

대우(對偶)를 취한다

'A라면 B'라는 문장에 대해 '(B가 아니다)라면 (A가 아니다)'를 그 문장의 **'대우'**라고 한다. 'A라면 B'가 옳다면 그 대우도 반드시 옳다. 이는 매우 중요한 논리법칙으로 '이'와 혼동하기 쉽다. 'A라면 B'에 대해, '(A가 아니다)라면 (B가 아니다)'를 **'이(裏)'**라고 하는데 대우와 비슷하지만 이 경우는 항상 옳다고 할 수 없다.

'A라면 B'에 대해 'B라면 A'를 **'역(逆)'**이라고 한다. '역이 반드시 옳지는 않다'는 것을 말해 주는 이 법칙은 논리적으로 매우 중요한 격언이다. 이왕 말이 나온 김에 '이는 반드시 옳지는 않다'라는 말도 꼭 후세에 전하고 싶다. 따라서 'A라면 B'가 옳을 경우, 이 것과 연동하여 반드시 옳은 것은 대우뿐이다.

중요한 부분이므로 차근차근 알아보자. 먼저 대우가 옳다는 것을 확인해 보자. 예를 들어 '그날이 월요일이라면, 박물관은 휴무이다'의 대우를 취하면 '박물관이 휴무가 아니라면, 그날은 월요일이 아니다'가 된다. 여기에서 다음 두 가지 전제로부터 무엇이 도출되는지 생각해 보자.

1) 그날이 월요일이라면, 박물관은 휴무이다.
2) 박물관은 그날 휴무가 아니다.

1)과 2)가 옳을 경우, 문제의 그날은 월요일일까? 아니면 월요일이 아닐까? 만일 그날이 월요일이라면 1)로 미루어 보았을 때 박물관은 휴무일 것이다. 그러나 2)로 미루어 보았을 때 그날은 휴무가 아니다. 그러므로 그날은 월요일이 아니라는 결론이 나온다.

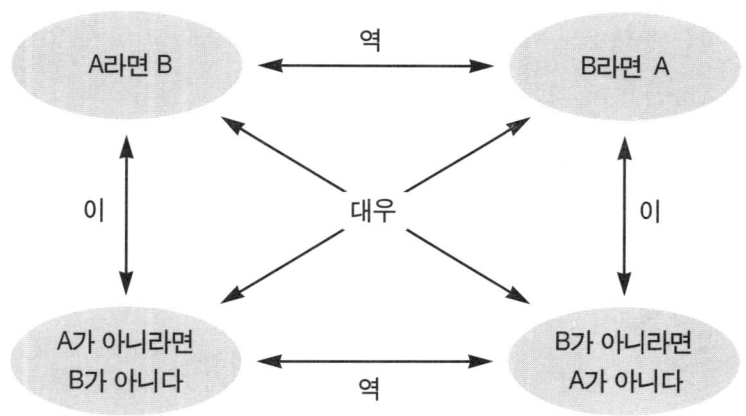

따라서 1)이 옳을 경우 이와 연동하여 그 대우(對偶)인 '박물관이 휴무가 아니라면, 그날은 월요일이 아니다' 도 옳은 것이다.

정리하여 말하면 'A라면 반드시 B' 는 'B가 아니면 A가 아닌 것' 을 의미한다. 따라서 'A라면 B' 가 옳다면, 그 대우인 '(B가 아니다)라면 (A가 아니다)' 도 옳다.

그러나 역이 항상 옳은 것은 아니다. 'A라면 B' 가 옳을 경우, 그 역인 'B라면 A' 는 반드시 옳다고는 할 수 없다.

'그날이 월요일이라면, 박물관은 휴무이다' 에서 이 문장의 역은 '박물관이 휴무라면, 그날은 월요일이다' 가 된다. 여기서 문제가 되는 것은 연역적으로 옳으냐 그르냐 하는 것이다.

1) 그날이 월요일이라면, 박물관은 휴무이다.
따라서 2) 박물관이 휴무라면, 그날은 월요일이다.

1)에는 월요일 이외에 박물관이 휴무하는 날이 있는지 없는지에 관해서는 아무것도 언급되어 있지 않다. 따라서 1)이 옳다고 하더라도, 박물관이 휴무라는 사실로부터 그날은 월요일이라고 결론내릴 수는 없다.

'~라면' 의 부정에 대해 다룰 때 언급했듯이, 일반적으로 'A라면 B' 라는 조건문은 조건 A가 만족되지 않은 'A가 아니다' 의 경우에 대해 주장하는 것이 없다. 따라서 'A가 아니라도 B' 가 될 가능성은 남아 있다. 그리고 가능성이 있는 이상, 'B라면 이는 오로지 A일 뿐이다' 라고 결정지을 수는 없다.

이(裏)도 역(逆)과 마찬가지이다. '그날이 월요일이라면 박물관은 휴무이다' 의 이(裏)는, '그날이 월요일이 아니라면, 박물관은 휴무가 아니다' 이다. 그러나 월요일 이외에도 박물관이 휴무일 가능성은 있기 때문에 '월요일이라면 휴무이다' 라는 사실로부터 '월요일이 아니라면 휴무가 아니다' 라고 단정할 수 없다.

이(裏)라는 것은, '역의 대우' 이다. 'A라면 B' 의 역은 'B라면 A' 이므로 그 대우를 취하면, '(A가 아니다)라면 (B가 아니다)' 가 된다. 즉, 역과 이는 논리적으로는 같은 것(논리적으로 동치)이라는 의미이다.

이쯤에서 문제를 풀면서 잘 이해했는지 확인해 보도록 하자. 드 모르간의 법칙도 포함하고 있으므로 주의 깊게 보자.

문제 : 다음 문장의 역, 이, 대우를 각각 만드시오.

6세 미만으로 어른을 동반하지 않으면, 입장할 수 없다.

규칙에 그대로 대입해서 쓰면 대우는 다음과 같다.

 '((입장할 수 없다)가 아니다)라면, (6세 미만으로 어른을 동반하지 않다)가 아니다'

이때 '(입장할 수 없다)가 아니다'에서 이중부정을 추출하면 '입장할 수 있다'가 된다.

한 가지 당부하고 싶은 점은 '(6세 미만으로 어른을 동반하지 않다)가 아니다'의 부분에서, 이는 '(6세 미만이고, 또한 어른을 동반하지 않다)가 아니다'라는 연언의 부정이므로, 드모르간의 법칙에 따라 부정의 선언이 된다는 점이다. 따라서 '6세 미만이 아니다, 또는 (어른을 동반하지 않다)가 아니다'이다.

여기서 '6세 미만이 아니다'는 '6세 이상이다'라는 것이고, '(어른을 동반하지 않다)가 아니다'는 '어른을 동반하다'이므로, 그 결과 '6세 이상이든가 또는 어른을 동반한다'가 된다.

이것으로 대우가 완성되었고, 이와 같은 방식으로 역과 이를 답해 보자.

역 입장할 수 없다면, (6세 미만이고, 또한 어른을 동반하지 않는다)

이 (6세 이상이거나, 또는 어른을 동반한다)라면, 입장할 수 있다.

대우 입장할 수 있다면, (6세 이상이거나, 또는 어른을 동반한다)

'~라면'의 연쇄

'~라면'의 접속 형태를 가진 문장을 여러 개 조합하면, 숨이 찰 만큼 긴 추론을 만들 수 있다. '바람이 불면 통장수는 돈을 번다'는 그러한 예 중 하나일 것이다. 이는 간단히 말하면 나비효과(*기상 관측한 데이터를 통해 처음 이야기된 효과로, 어떤 일이 시작될 때 있었던 아주 작은 양의 차이가 결과에서는 매우 큰 차이를 만들 수 있다는 이론이다. 이 개념은 후에 카오스 이론의 토대가 되었다)이다.

바람이 불면 모래 먼지가 일어난다. 모래 먼지가 눈에 들어가면 맹인이 늘어난다. 맹인이 늘어나면 맹인은 샤미센(일본 전통의 현악기-역자)을 연주하기 때문에 샤미센이 잘 팔린다. 샤미센이 잘 팔리면 샤미센을 만드는 데 필요한 고양이 가죽이 많이 필요하다(예전에는 고양이 가죽을 사용했다). 고양이 가죽을 얻으려면 고양이를 죽여야 하므로 고양이 수가 감소한다. 고양이가 감소하면 쥐가 늘어난다. 쥐가 늘어나면 쥐가 통을 갉아먹으므로 통이 망가진다. 통이 망가지면 새로운 통을 산다. 새로운 통을 사러 오는 사람이 늘어나므로 통장수는 돈을 번다. 따라서 바람이 불면 통장수가 돈을 번다.

지금 보면 이해하기 어려운 부분도 있지만, 옛날에는 일본에서 그랬다고 한다. '바람이 불면 통장수는 돈을 번다' 라는 문장을 굳이 논리적으로 표현하면 **추이율** 이라고 한다. 'A라면 B' 와 'B라면 C' 가 모두 성립되는 경우, B를 생략하고 'A라면 C' 라고 할 수 있다는 의미이다.

추이율 A라면 B, B라면 C → A라면 C

이렇게 보면 별로 복잡한 추리는 아니지만, 이 문장에 대우 등을 조합해서 추론을 만들면 제법 복잡해진다. 예를 들면 다음 문장은 옳은 연역인가?

A라면 B
(C가 아니다)라면 (B가 아니다)
그러므로 A라면 C

여기에 드모르간의 법칙 등이 더해지면 더 복잡한 추론이 되어,

눈으로 읽는 것만으로는 옳은 연역인지 아닌지 판단할 수 없게 된다. 다음 문제를 한번 풀어 보자.

문제 : 다음 중 바른 연역적 추론을 고르시오.

(1) 어떤 행위가 범죄로 성립되기 위해서는 그 행위가 형법이 정하는 범죄 형태에 합치하고, 법을 위반해야 한다. 채무불이행은 범죄가 아니다. 그러므로 채무불이행은 형법이 정하는 범죄의 형태에 합치하지 않든가, 또는 위법이 아니다.

(2) 철수나 영철이가 영희에게 선물을 받는다면, 동건이는 영희에게 선물을 받을 수 없다. 영희에게 선물을 받지 못한다면, 동건이는 한눈에 보기에도 의기소침해진다. 그러므로 동건이가 의기소침해 있지 않다면, 철수가 영희에게 선물을 받지 못한 것이다.

(3) 중국집 주인아저씨는 기분이 좋지 않으면 가게를 열지 않는다. 중국집이 영업을 하지 않으면 철수는 점심으로 도시락이나 컵라면을 먹는다. 그러므로 철수가 점심에 컵라면을 먹고 있다면 중국집 주인아저씨의 기분이 좋지 않다.

옳은 연역은 하나뿐이다. 어떻습니까? 꽤 어렵지요?

그럼 순서대로 보기로 합시다. 우선은 (1)번부터 봅시다. '~라면'은 사용되지 않았지만, 'A이기 위해서는 B가 필요하다' 라는 것은, 'A가 성립되는 경우에는, 반드시 B가 성립되어야만 한다' 는 것이므로 접속 형태로 배운 'A라면 B' 와 마찬가지이다. 그렇다면 '~라면' 을 이용하여 간단하게 정리해 보자.

① 범죄라면, (범죄의 형태에 합치하고, 또한 위법이다.)
② 채무불이행은 범죄가 아니다.
그러므로
③ 채무불이행은 범죄의 형태에 합치하지 않든가, 또는 위법이 아니다.

이 문장은 ①의 '이(裏)를 이용한 추론' 이 되어 버렸다. (1)은 '범죄가 아니라면, (범죄의 형태에 합치하지 않거나, 또는 위법이 아니다)(드모르간의 법칙인 '연언의 부정은 부정의 선언' 사용).' 라는 것과 ② '채무불이행은 범죄가 아니다' 를 합쳐서 ③ '채무불이행은 범죄의 형태에 합치하지 않든가, 또는 위법이 아니다' 를 도출하고 있는 것이다.

그러나 이(裏)는 반드시 옳은 것은 아니다.

덧붙여 설명하면 (1)의 세 문장은 그 자체로 옳기 때문에 법률을 조금이라도 아는 사람 쪽이 오히려 더 헷갈렸을 것이다. 전제와 결론이 모두 옳음에도 불구하고, 연역적 추론으로는 틀렸다. 이런 의미에서 꽤 교훈적인 문제였다.

(2)번으로 넘어가 봅시다. 우선 간단하게 정리하면

① 철수나 영철이에게 선물이 있다면, 동건이는 받을 선물이 없다.
② 동건이가 선물을 받지 못하면, 의기소침.
그러므로
③ 동건이가 의기소침해 있지 않다면, 철수는 선물이 없다.

②의 대우는 '동건이가 의기소침해 있지 않다면, 동건이는 선물이 있다' 가 된다.

①의 대우를 만들어 보면 '동건이에게 선물이 있다면, 철수나 영철이에게 선물은 없다' 이다(드모르간의 법칙). 이것을 연결하면 (추이율), '동건이가 의기소침해 있지 않다면, 철수나 영철이에게 선물은 없다' 가 된다. 그러므로 ③의 '동건이가 의기소침해 있지 않다면, 철수는 선물이 없다' 는 ①과 ②의 전제 하에서 옳은 연역이다.

그럼 마지막으로 (3)을 봅시다. 이것 역시 간단하게 정리하여 쓰면 다음과 같다.

① 주인아저씨가 기분이 나쁘면, 중국집은 영업을 하지 않는다.
② 중국집이 영업을 하지 않으면, 철수는 도시락이나 컵라면을 먹는다.
그러므로
③ 철수가 컵라면을 먹으면, 중국집 주인아저씨는 기분이 나쁘다.

②의 역을 만들어 보자. '철수가 도시락이나 컵라면을 먹고 있으면, 중국집은 영업을 하고 있지 않다.'

이번에는 ①의 역을 만들어 보자. '중국집이 영업을 하고 있지 않으면, 주인아저씨의 기분이 나쁘다는 것이다.'

만일 ①의 역과 ②의 역이 옳다면, 이들을 연결하여 '철수가 도시락이나 컵라면을 먹으면, 중국집의 주인아저씨는 기분이 나쁘다는 것이다'를 도출할 수 있다(추이율). 그렇다면 ③도 옳다고 판단할 수 있다. 그러나 앞의 전개 과정은 '역을 사용한 추론'이다. '역은 반드시 참은 아니다'라는 점에서 옳은 연역적 추론이라고는 할 수 없다.

따라서 정답은 (2)번이다. (1)과 (3)은 연역적 추론으로서는 옳지 않다.

앞의 문제를 풀기 위해 이용한 것은 추이율, 대우, 드모르간의 법칙이었다. 이외에도 논리학이 다루는 연역적 추론에는 여러 가지가 있다. 하지만 일상적으로 쓰는 연역은 실제로 다양하지 않고, 틀린 점을 따지는 것이라면 더욱 한정되어 있다.

여기서 살펴본 '역을 사용한 추론'과 '이(裏)를 사용한 추론'은 연역에 있어서 가장 많이 틀리는 부분이다. 이 점만 주의하더라도 일상적인 연역의 실수를 상당히 줄일 수 있을 것이다.

역과 이의 가능성에 대해서는 상대가 의미를 혼동하지 않도록 분명히 명시하여 발언해야 한다. 일상의 언어사용은 매우 유연하고, 발언할 때의 상황에 의존하고 있기 때문에, '~라면'이라는 접속 형태를 가진 일상의 여러 가지 주장도 발언 내용이나 상황에 따라서는 역과 이도 올바른 경우가 있다. 그러므로 역과 이가 옳은지 그른지 확실히 말할 수 없는 형태의 '~라면'을 사용하고 있다는 것을 분명히 해 두고 싶을 때에는 좀 귀찮더라도 역과 이는 말할 수 없다는 점을 덧붙여 말해야 한다.

제 5 장

명제논리의
방식

우리는 지금 어디쯤에 있는가?

　논리학의 역할은 우리가 행하고 있는 모든 연역적 추론을 체계화하는 것이다. 논리학은 이미 일상적인 추론이든, 자연과학의 추론이든, 수학의 추론이든 간에 연역이라고 부를 수 있는 모든 것을 대상으로 한다.

　우리는 논리학에서 가장 먼저 부정('~가 아니다')을 살펴보았다. 배우는 과정은 매우 까다로웠지만, 부정에 관한 표준적인 이해법을 익히고, 문장과 문장을 접속하는 형태의 하나로 연언('또한'), 선언('또는'), 조건법('~라면')을 살펴보는 데 큰 발판이 되었다. 또한 여러 난관이 있었지만, 도입칙과 제거칙의 조합에 대해서도 배울 수 있었다.

　이들 부정, 연언, 선언, 조건법에 의해 성립되는 연역적 추론을 다루는 체계를 **'명제논리'** 라고 부른다고 했다. 문장을 부정하거나 문장과 문장을 연결하는 등의 논리를 생각해야 하기 때문에 '문장

논리'라 불러도 되겠지만, 의문문이나 명령문까지 다루는 것이 아니라 평서문 형태인 주장만을 다루기 때문에 한정적인 의미로 '명제논리'라고 부르는 것이다. 여기서 '명제'란 '무엇인가를 주장한 문장'과 같은 의미라고 생각하면 된다.

명제논리라는 체계를 배우기 위해 부정, 연언, 선언, 조건법의 도입칙과 제거칙을 다루어 왔다. 우리는 이 개념들을 배우는 데 급급해 이것만으로도 연역적 추론이 정말 완벽하게 성립되는지 따져보지 않았다. 그렇다면 어떤 논리체계가 '잘 되어 있다'는 것은 무슨 의미일까? 이것은 참으로 근본적인 질문이지만, 여기에서부터 생각해 나가지 않으면 안 된다. '잘 되어 있는 체계'는 어떠한 것이고, '실패한 논리체계'는 어떠한 것인가?

막연한 대답이라면, 지금까지도 계속해서 해 왔다. 우리가 규정한 도입칙과 제거칙에 따라 부정, 연언, 선언, 조건법을 사용한 모든 연역적 추론이 실제로 취급되고 있다면, 우리들의 논리체계는 잘 만들어져 있다는 의미이다. 그러나 이것은 막상 진지하게 생각하기 시작하면 매우 어려운 문제이다.

깊게 생각해 보기 전에 조금만 상황을 파악해 보자. 예를 들면

(1) A 또는 B → B 또는 A

(2) A 또는 B → A

(1)인 'A 또는 B → B 또는 A'는 당연히 성립된다고 생각하지만, (2)인 'A 또는 B → A'는 역으로 성립되지 않을 것이라고 생각한다. 즉, '부정, 연언, 선언, 조건법을 연역적 추론에 모두 사용할 수 있다'고 말했지만, 여기에 사용되는 '모두'라는 것 중에 (1)은 포함되지만, (2)는 포함되지 않는다. 그렇다면 그 차별의 기준은 무엇일까? 당신은 'A 또는 B → B 또는 A'가 성립된다는 것은 살펴보면 알 수 있고, 역으로 'A 또는 B → A'가 틀리다는 것 역시 보면 알 수 있지 않겠느냐고 생각하는가?

이것에 대해서 두 가지를 말하고 싶다. 첫 번째는 '보면 알 수 있지 않겠느냐'라는 것만으로는 안 된다는 것이다.

예를 들면 '(A 또는 B)라면 (C라면 A) 또는 B'라는 것은 어떠한가? 이것은 당연히 성립될 것이라고 생각하는가? 이것은 당연히 성립되는 것이지만 앞서 보았던 규칙보다 한눈에 들어오지 않는다. 여기서 이야기하고 싶은 것은 마치 병아리의 암수를 구별하듯이 하나씩 자세히 보고 나서 이건 성립하고, 이건 성립하지 않는다고 말하는 것은 좋지 않은 방법이라는 것이다. 지금 우리가 만들고 있는 표준적인 명제논리 체계에서는 어떤 연역적 추론이 사용될 수 있는가의 범위를 일반적으로 규정하지 않으면 안 된다.

둘째는 예를 들어 설명하면 배중률 'A 또는 (A가 아니다)'의 문제가 있다. 표준적인 명제논리에서는 배중률은 성립되어야 할 논리법칙이다. 그러나 앞에서 살펴보았듯이, 배중률 따위는 틀리다는 입장도 있었다. 이 점을 고려하여 생각해 보면 점점 더 '보면 일목요연해진다' 라는 편한 소리는 할 수 없을 것이다. 나는 이 문제가 어려워서 입이 쩍 벌어질 지경이다.

나는 우리가 정립해 온 도입칙과 제거칙으로부터 만들어지는 체계가 '잘 되어가는지' 의 여부를 확인하고 싶다. 이것은 결국, 우리의 체계가 다루어야 할 범위를 명확히 커버하고 있는지 아닌지를 확인하는 것이다. 그리고 그 '다루어야 할 범위' 를 명확히 하기 위한 일반적인 기준이 필요하다. 이것이 지금 우리가 서 있는 지점이다.

길을 좀 돌아서 가 보자. 다루어야 할 범위라는 문제는 여기서 일단 보류한다. 그리고 먼저 우리의 체계가, 예를 들면 드모르간의 법칙을 '사용한다' 는 것은 무엇을 말하는지부터 확실히 해 놓고 가는 것이 좋을 것 같다.

증명한다는 것은 무엇인가?

우선 우리들이 만들어 온 명제논리의 체계(표준적인 명제논리의 체계)를 다시 한 번 확인해 두자. 내가 제시한 도입칙과 제거칙의 조합을 157쪽에 열거할 것이다(몇 가지를 증명할 때 157쪽을 참조해야 하므로 포스트잇이나 책갈피로 표시해 두길 바란다).

157쪽에 열거할 내용에는 부정, 연언, 선언, 조건법에 대한 각각 도입칙과 제거칙의 역도 포함되어 있다. 예를 들면 드모르간의 법칙 중 '(A 또는 B)가 아니다 → (A가 아니다) 또한 (B가 아니다)' 등을 뜻한다.

그것을 통해 '우리가 지금까지 배워 온 도입칙과 제거칙의 조합을 사용하면 이것이 옳은 논리법칙이라는 것을 보여줄 수 있다'는 것을 말해 주고 싶다. 그리고 증명해 갈 것이다. 이것이 우리의 논리체계가 드모르간의 법칙을 '사용할 수 있다'는 것의 실상이자, '도입칙과 제거칙을 사용하면 드모르간의 법칙을 증명할 수 있다'

는 의미이다.

그래서 몇 가지를 실제로 증명해 보려고 한다. 논리학에 있어서 '증명한다'는 것은 무엇인가, 그 사고방식과 감촉을 체험하기 바란다. 논리학의 증명은 일상적이지도 않고, 매우 엄격하다. 하지만 갑자기 드모르간의 법칙을 증명한다고 하면 놀랄 것 같아 간단한 예부터 시작하도록 하겠다. 하지만 어떤 의미에서는 드모르간의 법칙보다 더 어려울지도 모르겠다. 증명해 볼 논리법칙은 다음과 같다.

((A가 아니다)가 아니다) 또한 B → A 또한 B

'□ → △'라는 형태의 추론에서, □에 들어갈 명제가 '전제', △에 들어갈 명제는 '결론'이다. 지금 문제 삼으려는 추론의 경우에는 '((A가 아니다)가 아니다) 또한 B'가 전제이고, 'A 또한 B'가 결론이다. 즉, 일반적으로 '□ → △'라는 것은 □를 전제로 △를 결론내려도 좋다는 의미이다.

그리고 '((A가 아니다)가 아니다) 또한 B → A 또한 B'를 증명할 때에는 먼저 '((A가 아니다)가 아니다) 또한 B'를 전제로 'A 또한 B'라는 결론을 도출하는 것이다. 그리고 이것은 우리가 정립해 온 도입칙과 제거칙을 사용하여 전제로부터 결론을 실제로 도출하는 것이다. 자신이 규정한 도입칙과 제거칙 이외의 것은 마음대로 사용해서는 안 된다. 여기에서 이것은 매우 중요하다.

표준적인 명제논리의 체계

부정의 도입칙(배리법)   'A'를 가정하여 모순이 도출될 때,

                                      'A가 아니다'라고 결론내려도 좋다.

부정의 제거칙(이중부정추출)   (A가 아니다)가 아니다 → A

연언의 도입칙(또한 투입)   A, B → A 또한 B

연언의 제거칙(또한 추출)   (1) A 또한 B → A   (2) A 또한 B → B

선언의 도입칙(또는 투입)   (1) A → A 또는 B   (2) B → A 또는 B

선언의 제거칙(소거법)   (1) A 또는 B, A가 아니다 → B

                                      (2) A 또는 B, B가 아니다 → A

조건법의 도입칙(~라면 투입)   'A'를 가정하여 B가 도출될 때, 'A

                                      라면 B'라고 결론내려도 좋다.

조건법의 제거칙(긍정식)   A, A라면 B → B

    '~가 아니다'라든지 '또한' '또는' '~라면' 등의 단어를 사용하므로 일상에서 사용하는 언어의 사용법과 헷갈릴 수도 있지만, 우리는 이 말들의 의미를 단지 우리가 규정한 도입칙과 제거칙에 의해서만 부여해야 한다. 일상 생활에서 매우 풍부한 의미를 가지

고 있는 용어들이지만, 그 핵심에 있는 하나의 한정된 의미를 우리는 채택할 수 있다. 그러므로 여기에서 주어진 규정을 넘어서 '별로 상관없지 않아?' 라는 식으로 이 규정에 없는 것을 끌어들여서는 안 된다는 것이다.

전제   ((A가 아니다)가 아니다) 또한 B

        부정, 연언, 선언, 조건법의 도입칙과 제거칙만을 사용하여 도출한다

결론   A 또한 B

어떻습니까? '어! 간단하네' 라고 생각하신 분 없습니까? '이중부정추출' 로, '(A가 아니다)가 아니다' 로부터 'A' 가 도출된다. 한 번에 끝!

이 점이 어떤 의미에서 어렵다고 말했던 부분이다.

'이중부정추출' 은 '((A가 아니다)가 아니다) 또한 B' 와 같이 '또한 B' 가 붙어 있는 경우에도 이중부정을 제거해도 좋다고는 하지 않았다. 이것이 '이중부정추출' 에 충실히 따르는 것이다. 이때에는 오히려 유연하게 대처하거나 융통성을 발휘해서는 안 된다. '(A가 아니다)가 아니다 → A' 라고는 하더라도, '((A가 아니다)가 아니다) 또한 B → A 또한 B' 라고는 할 수 없다. 그러므로 증명이

필요한 것이다. 이것이 바로 논리학의 엄격함이다. '뭔가 좀……' 이라는 생각을 하신 분은 아직 멀었다고밖에 할 말이 없다.

우리가 제시한 규정을 문자 그대로 받아들이고, 그 외의 평소에 쓰는 부정이나 '또한'의 사용법은 완전히 잊어 주길 바란다. 여기서 하고자 하는 것은 우리가 제시한 도입칙과 제거칙의 규정이라는 한정된 출발점으로부터 부정과 접속에 관한 여러 가지 연역적 추론을 증명해 보이는 것이다. 그러므로 아무리 당연한 것이라고 생각되더라도 그 한정된 출발점을 확실히 지키지 않으면 의미가 없다. 이를 꼭 깨물고 머리를 풀가동하여, 거북이처럼 천천히 접근해 보자. 어려운 문제이다.

그렇지만 한달음에 날아가듯이 이해할 수 없는 것이라는 사실을 알고만 있어도 이 증명 역시 간단하게 할 수 있으며, 두 걸음, 아니 네 걸음 정도 앞서 가는 것이다. 다시 한 번 요점을 말씀드리자면 '((A가 아니다)가 아니다) 또한 B'에는 '또한 B'가 붙어 있으므로 '이중부정추출'은 사용할 수 없다. 그러므로 '또한 추출'을 사용하여, 이로부터 '(A가 아니다)가 아니다'를 단독으로 채택하면 된다. 그 후 '이중부정추출'을 적용하고, 마지막으로 다시 '또한 투입'으로 복원하면 된다. 직접 해 보자.

((A가 아니다)가 아니다) 또한 B → A 또한 B

증명

(1) ((A가 아니다)가 아니다) **또한 B**   전제

(2) (A가 아니다)가 아니다   (1)과 또한 추출

(3) A   (2)와 이중부정추출

(4) B   (1)과 또한 추출

(5) A **또한 B**   (3)(4)와 또한 투입

'또한 B'가 붙어 있으므로 직접적으로 '이중부정추출'은 사용해서는 안 된다. 그러므로 '또한 추출'로 (1)에서 '(A가 아니다)는 아니다'를 단독으로 채택한다. 여기에 '이중부정추출'을 사용하면 'A'가 나온다. 이것이 가장 먼저 해야 할 일이다. 그 다음에는 '또한 추출'로 'B'가 나오고, 여기서 도출된 'A'와 'B'에 '또한 투입'을 하여 'A 또한 B'를 만든다. 이렇게 하면 우리가 원했던 대로 완성된다.

지금 했던 방식을 간단히 정리하면 다음과 같다. 우선 번호를 쓰고, 그 다음에 명제를 쓴다. 그리고 그 다음에 그 명제가 어떻게 해서 도출되었는가를 첨가한다. 단, 전제의 경우에는 어떤 명제에서 도출된 것이 아니기 때문에 '전제'라고 쓴다. 그 다음에는 예를 들면 (1)의 명제에 '또한 추출'을 사용하여 (2)를 도출하고 있으므

로, (2)의 명제 뒤에는 '(1)과 또한 추출'이라는 식으로 쓰면 된다.

이렇게 하면 '((A가 아니다)가 아니다) 또한 B → A 또한 B'를 증명할 수 있다. 대부분 이러한 방법으로 우리가 규정한 도입칙과 제거칙을 사용하여 논리법칙을 계속 증명해 가는 것이다.

논리명제와 추론규칙

증명에 대해 조금 더 정확히 이야기하기 위해, 지금까지 막연히 '논리법칙'이라고 불러왔던 것을 여기에서 '논리명제'와 '추론규칙'으로 구별하겠다.

예를 들면 배중률 'A 또는 (A가 아니다)'는 이것 전체가 하나의 명제, 즉 하나의 문장을 이루고 있지만, 예컨대 드모르간의 법칙의 하나인 '(A 또는 B)가 아니다 → (A가 아니다) 또한 (B가 아니다)' 등은 이것 전체가 하나의 명제라는 의미는 아니다. 이것은 '(A 또는 B)가 아니다'라는 명제로부터 '(A가 아니다) 또한 (B가 아니다)'라는 명제가 추출된다는 것, 즉 두 명제의 추론관계를 서술한 것이다.

여기에서 배중률과 같은 논리법칙을 **'논리명제'**라고 부르자. 배중률과 같은 논리법칙을 '논리명제'라고 부르는 것은 일반적인 명칭이 아니므로 이 책에서만 '논리명제'라고 생각하자. 한편, 드모르간의 법칙과 같은 논리법칙은 일반적으로 '**추론규칙**'이라고 부른다. 반복해서 말하면 논리명제라는 것은 반드시 올바른 명제를 가리킨다. 반면 추론규칙이라는 것은 '□ → △'라는 형태이다. 이 식은 전제 □로부터 반드시 결론 △가 도출된다는 것으로, 명제 □와 명제 △의 연역적 추론관계를 서술한 것이다.

그렇지만 추론규칙을 우리의 체계에서는 전부 논리명제로 바꾸어 쓸 수 있다(역은 성립되지 않는다. 즉, 논리명제를 추론규칙의 형태로 바꾸어 쓰면, 도출된 것은 옳지 않다. 예를 들면 배중률과 같은 논리명제를 추론규칙으로 바꿔 쓰는 것은 무리이다. 지금 말한 것은 모든 추론규칙을 논리명제의 형태로 바꾸어 쓸 수 있다는 뜻이다). 그 이유는 조건법의 도입칙 '~라면 투입'이 있기 때문이다. 따라서 '□ → △'라는 추론규칙이 있을 때는, □를 가정하면 여기에서 △가 도출되기 때문에 '~라면 투입'에 따라, '□라면 △'라고 결론지으면 된다. 즉, '□ → △'가 추론규칙이라면, '□라면 △'는 논리명제가 된다.

정확히 하기 위해 다시 한 번 정리해 보자. 역으로 '□라면 △'가 논리명제라고 하면, 이번에는 '~라면 추출'(긍정식)에 따라 □라는 전제로부터 △가 반드시 도출된다. 이것은 '□라면 △' 형태의 논리명제라면 '□ → △'는 추론규칙이 된다는 의미이다('□라면 △' 형태의 명제만 해당된다. 배중률과 같은 논리명제는 추론규칙 형태로 바꾸어 쓸 수 없다). 그래서 우리의 체계 — 표준적인 명제논리

— 에서는 '□ → △' 라는 추론규칙과 '□라면 △' 라는 논리명제는 완전히 의미가 같다. 지금까지 앞에서 사용한 '→' 기호를 전부 '~라면' 이라고 읽고, '~라면' 과 뜻이 비슷할 것이라고 생각했던 독자가 있을지 모르겠다. 그 직감은 옳았고, 이를 통해 보증받았다.

이야기가 나온 김에 한 가지만 더 보충해 두고 싶다. 예를 들면 지금, 배중률 'A 또는 (A가 아니다)' 를 논리명제라고 했다. 하지만 정확히 말하면 'A' 라는 부분에 무엇인가 구체적인 명제를 넣어야 비로소 명제가 된다. 예를 들어 'A' 자리에 '하마는 우제류다' 라는 명제를 넣으면 'A 또는 (A가 아니다)' 는 '하마는 우제류이든가, 또는 하마는 우제류가 아니다' 라는 명제가 된다. 구체적인 명제를 넣기 전의 'A 또는 (A가 아니다)' 는 '□ 또는 (□가 아니다)' 와 같이 명제가 들어갈 부분을 공란으로 비워 놓은, 이른바 '명제의 형태' 가 된다.

추론규칙도 마찬가지이다. 예를 들면 '(A 또한 B) → A' 등도 'A' 와 'B' 에 구체적인 명제를 넣어야 비로소 두 명제의 추론관계를 보여 주게 된다. 'A' 나 'B' 와 같이 기호로 되어 있는 자리에는 구체적인 어떤 명제를 넣어도 그 추론은 성립한다. 이런 의미에서 추론규칙 또한 한 명제로부터 다른 명제를 구체적으로 추론을 해 보이는 것이 아니라, 그 '추론 형태' 를 가리키는 것에 불과하다.

그러나 하나하나 '형태' 라는 것을 강조하는 것도 귀찮으므로 오

해의 소지가 없는 한 'A 또는 (A가 아니다)'와 같이 엄밀히 말하면 아직 구체적으로 명제로 정해지지 않은 것도 '명제'라고 부르기로 하자.

증명도 매우 재미있다

조금 더 증명에 대해 알아보도록 합시다. 이번에 증명하려고 하는 것은 다음과 같다.

((A가 아니다)가 아니다) 또는 B → A 또는 B

앞에서 나왔던 증명과 비슷해 보이지만, 이번에는 '또는'이 들어가 있다. 정리하기 위해 이중부정을 빼고 싶지만, '또는 B'가 붙어 있다. 이것은 앞에서의 명제들보다 더 복잡하다. 당연히 성립될 거라고 생각하고, 여기에 '이중부정추출'을 사용하면 한 번에 해결할 수 있을 것이라고 생각할 수도 있겠지만, 사실 이것을 증명하는 길은 멀고 험하다.

뭐라고 할까? 답답함? 아쉬움? 이런 마음을 느낀다면 나는 매우 기쁠 것이다. 그리고 만일 여기에 호기심을 느낀다면 나는 승리의 자세를 취할 정도로 더 기쁠 것이다. 이 증명이라는 것은 정말 재밌다.

우선 증명의 방침을 생각해 봅시다.

'((A가 아니다)가 아니다) 또는 B → A 또는 B'를 증명할 때에는 **'어찌되었든 논법'**을 사용한다. 혹시 기억이 나는가? 정리해서 써 보면 다음과 같다.

A 또는 B, A라면 C, B라면 C → C

"갈림길 'A 또는 B'가 있는데, A로 가도 C에 도착하고, B로 가도 C에 도착한다"는 내용으로 어떤 길로 가든(어찌되었든) C에 도착한다는 의미의 논법이다. 이것을 사용하면 '(A가 아니다)가 아니다'로부터 'A'를 도출하고(이중부정추출), 여기에서 다시 'A 또는 B'를 도출한다(또는 투입). 그러므로 'B'쪽에서도 'A 또는 B'가 도출(또는 투입)되고, 어찌되었든 'A 또는 B'가 도출될 것이다.

하지만 '어찌되었든 논법'은 아직 증명되지 않았으므로 이 논법을 증명하는 것부터 해야 한다. 어떤 방법으로 이 논법을 증명할 수 있을까? 배리법을 사용해서 증명해 보자. 즉, 도출하고 싶은 결론이 'C'이므로, 우선 배리법의 'C가 아니다'를 가정하고, 모순을 도출한다. 'C가 아니다'와 'A라면 C'를 사용하면 'A가 아니다'가 도출된다. 'A가 아니다'와 'A 또는 B'로부터는 'B'가 도출된다

(소거법). 그리고 'B'와 'B라면 C'로부터 'C'가 도출된다(긍정식). 그런데 이것은 가정 'C는 아니다'에 모순된다. 그럼 이번에도 임무 완성이다! 이처럼 '어찌되었든 논법'은 배리법을 사용하여 증명할 수 있다.

그러나 'C가 아니다'와 'A라면 C'를 사용하여 'A가 아니다'를 도출하는 부분은 실제로 아직 증명되지 않았다. 혹시 '이거, 대우를 사용한 추론이잖아?'라고 생각했는가? 맞았다. 하지만 대우도 역시 반드시 올바르다는 점을 아직 증명하지 않았다. 그러므로 '어찌되었든 논법'을 증명하기 전에, 다음을 증명해야 한다.

B가 아니다, A라면 B → A가 아니다

이것을 증명하려면 한 가지 주의사항을 알고 있어야 한다. '응? C 아닌가? 왜 B지?'라고 생각한 독자도 있을지 모르겠다. 무엇이든 상관없다. 앞에서도 서술했듯이 'A' 'B' 'C'는 공백과 같은 것으로, 여기에 어떤 명제를 넣어야 비로소 분명한 명제가 된다. 그러므로 그 자리에 'B'든 'C'든 뭐가 들어가든지 상관없다. 그런데 지금 써 놓은 추론규칙은 'C가 아니다, A라면 C → A가 아니다'와 같은 형태를 취하고 있고, 이러한 추론규칙은 추론의 형태를 나타낸 것에 불과하기 때문에 형태가 같다면 결국 같은 추론규칙을 말하고 있는 것이다. 무엇이 그 자리에 들어가도 상관없다고 했으면서 왜 하필 B가 들어갔냐고 생각할지도 모르지만 'A' 다음에 가장 일반적으로 사용하는 것은 역시 'B'이다. 일반적인 추론규칙으로 나타낼 때 A와 C를 사용하여 쓰는 것보다 'A'와 'B'를 사용하는 편이 좋지 않을까?

그런데 여기서 우리가 가장 먼저 해야 할 것은 'B가 아니다, A라면 B → A가 아니다'를 증명해야 한다. 이것은 **'부정식'**이라고 하는 매우 중요한 추론규칙이다. 'A, A라면 B → B'가 '긍정식'이었지만, 그것과 반대되는 추론규칙이다.

이를 증명하려면 다음과 같은 준비과정이 필요하다. (준비1) 부정식이라고 불리는 추론규칙을 증명해 둔다. (준비2) 부정식을 사용하여 '어찌되었든 논법'을 증명한다. (준비3) '어찌되었든 논법'을 사용하여 목적인 '((A가 아니다)가 아니다) 또는 B → A 또는 B'를 증명한다.

자 그럼, 이 순서에 따라 한 발 한 발 내디며 보자.

B가 아니다, A라면 B → A가 아니다(부정식)

증명

(1) B가 아니다	전제
(2) A라면 B	전제
(3) A	배리법의 가정
(4) B	(2) (3)과 긍정식
(5) B 또한 (B가 아니다)	(1) (4)와 또한 투입(모순)
(6) A가 아니다	(3) (5)와 배리법

여기서 전제가 두 개이므로 먼저 전제를 모두 쓴다. 다음에 결론이 'A가 아니다' 라고 부정형이므로 부정의 도입을 생각한다. 이것은 곧 배리법을 사용한다는 것이다. 그러면 'A' 를 가정하여 모순을 도출하면 된다. 그리고 모순이 도출되면 가정 'A' 를 부정하여 'A가 아니다' 라는 결론이 나올 것이다.

이번에는 '어찌되었든 논법' 을 증명해 보자. 여기서부터는 부정식을 이용하자.

A 또는 B, A라면 C, B라면 C → C (어찌되었든 논법)

증명

(1) A 또는 B   전제

(2) A라면 C   전제

(3) B라면 C   전제

(4) C가 아니다   배리법의 가정

(5) A가 아니다   (2) (4)와 부정식

(6) B   (1) (5)의 소거법

(7) C   (3) (6)의 긍정식

(8) C 또한 (C가 아니다)   (4) (7)과 또한 투입(모순)

(9) (C가 아니다)가 아니다   (4) (8)과 배리법

(10) C   (9)와 이중부정추출

결론 C를 도출하기 위해 배리법을 사용한다. 'C가 아니다'를 가정하여 모순을 도출하는 것인데, 여기서 주의해야 할 점은 우리가 규정한 배리법은 어디까지나 부정에 대한 도입칙이었다는 점이다. 즉, 'C가 아니다'를 가정하여 모순이 도출되었을 때, 결론은 '(C가 아니다)가 아니다'이다. 그리고 다시 여기에 이중부정추출

을 사용하여 'C'로 만드는 방법으로 한 번 더 생각해 보지 않으면 안 된다.

모순을 도출하는 부분을 보자. 배리법의 가정 'C가 아니다'와 전제 'A라면 C'로부터 부정식을 사용하여 'A가 아니다'를 도출한다. 'A가 아니다'와 'A 또는 B'로부터 'B'가 도출되고(소거법), 'B'와 전제 'B라면 C'로부터 'C'가 도출된다(긍정식). 그리고 이것은 가정 'C가 아니다'와 모순된다. 이때 모순을 명시하기 위해 'C 또한 (C는 아니다)'라는 명제 형식으로 만든다.

이렇게 부정식과 '어찌되었든 논법'은 그 자체로도 매우 중요한 추론규칙이지만, 이것을 사용하면 '((A가 아니다)가 아니다) 또는 B → A 또는 B'까지 증명할 수 있다. 증명은 '어찌되었든 논법'을 사용한다는 점을 생각해 보자. '((A가 아니다)가 아니다)'의 길로 가더라도 'A 또는 B'라고 말할 수 있고, 'B'의 길로 가더라도 'A 또는 B'라고 말할 수 있다. 이 점이 명확해지면, 증명은 이루어지는 것이다.

((A가 아니다)가 아니다) 또는 B → A 또는 B

증명

(1) ((A가 아니다)가 아니다) 또는 B	전제
(2) (A가 아니다)가 아니다	~라면 투입의 가정
(3) A	(2)와 이중부정추출
(4) A 또는 B	(3)과 또는 투입
(5) ((A가 아니다)가 아니다)라면 (A 또는 B)	(2) (4)와 ~라면 투입
(6) B	~라면 투입의 가정
(7) A 또는 B	(6)과 또는 투입
(8) B라면 (A 또는 B)	(6) (7)과 ~라면 투입
(9) A 또는 B	(1)(5)(8)과 어찌되었든 논법

증명을 순서대로 읽어 내려가다 보면, 좀 이상하다는 생각이 든다. 'A 또는 B'와 같은 명제가 세 번이나 등장한다. 이유는 무엇일까?

이것이 지금 우리가 채택하고 있는 증명을 기록하는 방식의 단점이자 매우 어려운 부분이다. (4)의 'A 또는 B'와 (7)의 'A 또는 B', (9)의 'A 또는 B'는 각각 전혀 다르다. 혹시 어떻게 다른지 알

겠는가?

(4)의 'A 또는 B'를 보자. 우선 (2)에서 '(A가 아니다)가 아니다'를 '~라면 투입'을 위해 잠정적으로 가정했다. 그리고 이 가정을 기초로 (3)의 'A'를 도출하였다. 또 여기에서 (4)의 'A 또는 B'가 도출되고 있다. 즉, (4)의 'A 또는 B'는 (2)의 '(A가 아니다)가 아니다'라는 잠정적인 가정을 기초로 성립하고 있을 뿐이다. 즉, 어디까지나 '만일 (2)라면 (4)'라고 할 수 있는 것이다.

(7)의 'A 또는 B'도 역시 마찬가지이다. 이는 (6)이라는 잠정적인 가정을 기초로 성립하는 것으로 '만일 (6)이라면 (7)'이라고 할 수 있는 것이다.

그에 반해 마지막에 있는 (9)의 'A 또는 B'는 이미 잠정적인 가정을 기초로 하고 있지 않다. (9)는 단지 전제 (1)로부터만 도출된 것이다. 그러므로 (9)의 'A 또는 B'에 와서 비로소 목적지에 도달하게 되는 것이다.

이러한 경우가 생기는 이유는 추론규칙 가운데 '~라면 투입'이 있기 때문이다. '~라면 투입'은 "'A'를 가정하여 'B'가 도출될 때, 'A라면 B'라고 결론지어도 좋다"라는 것이었다. 따라서 이것을 사용할 때에는 증명 과정의 어디에선가 'A'를 잠정적으로 가정하고, 여기에서 'B'를 도출한다. 그러나 그렇게 도출된 'B'는 어디까지나 'A'라는 가정 하에 'B'일 뿐이다. 즉, 이것은 'A라면 B'를 결론으로 도출하기 위한 과정에 불과할 뿐이다. 이 점을 깜빡하고 어떤 가정도 제시하지 않고 'B'를 단적인 결론이라고 파악해서는 안 된다. 말하자면 복권에 당첨되었다는 가정 하에서 이것저것 살 것을 생각하다가 무심코 평소에 타고 싶었던 외제차를 사는 것과 마찬가지 이치이다.

지금까지 몇 가지 증명을 살펴보았다. 더 이상 이 책에서는 증명은 나오지 않고, 증명의 달인이 되는 것이 이 책의 목표도 아니므로 세세한 부분은 잊어버려도 된다. 하지만 '((A가 아니다)가 아니다) 또는 B → A 또는 B'를 증명하는 데 참 복잡한 과정을 거쳐야 한다는 것만은 느꼈을 것이라고 생각한다.

이러한 방식으로 우리가 규정한 도입칙과 제거칙을 이용하면 여러 논리법칙을 증명할 수 있다. 그러나 하나하나 증명해 가더라도 끝이 없다. 여기에서는 부디 우리들의 도입칙과 제거칙이 있으면, 바람직한 논리법칙은 이 범위 내에서 모두 증명할 수 있다는 것을 보증하고 싶을 뿐이다. 그렇다면 '바람직한 논리법칙'이 무엇일까? 이 물음에 대한 답을 찾기 위해 다음으로 넘어가자.

바람직한 논리법칙과
바람직하지 않은 논리법칙

이 문제가 참으로 어려운 것은 어떤 논리법칙이 바람직한가에 대한 입장이 나뉜다는 데에 있다. 이 입장은 배중률을 인정하는가의 여부에 따라 다르다. 부정에 대해서 논할 때 언급했었지만, 전형적인 예는 배중률 'A 또는 (A가 아니다)'이다. 우리가 지금 보고 있는 표준적인 명제논리에서 배중률은 바람직한 논리법칙이다. 하지만 반대로 배중률 따위는 없다는 입장이 있을 수 있다. 'A'라고도, 'A가 아니다'라고도 확실히 말할 수 없는 증거불충분한 상태를 제대로 파악해야 한다는 입장, 한마디로 '인간의 관점'에 멈춰 서려는 입장이다. 그 입장에 서서 배중률을 거부하면, 연동하여 '이중부정추출' 역시 거부하게 된다. 그러면 만들어지는 명제논리는 표준적인 것과는 다른 비표준적인 명제논리가 될 것이다. 우리의 논리체계를 '표준적인' 명제논리라고 불러온 것은 바꾸어 말하면 그것과는 다른 '비표준적인' 명제논리가 있기 때문이지 다른 이유가 있어서가 아니다.

그럼 배중률은 바람직한가? 바람직하지 않은가? 이는 끝이 보이지 않는 큰 문제이다. 도저히 여기서는 논의하기 어렵다. 찝찝하겠지만, 좀 더 뭔가가 판가름 글 수 있을 것 같은 곳부터 생각해 보자.

예를 들면 'A 또는 B → A'를 생각해 보자. 이것을 논리법칙이라고 우기는 사람은 없다. 아무리 봐도 옳지 않은 추론이다. 그런데 왜 옳지 않다고 하는 것일까? 만일 'A 또는 B → A'를 옳은 추론규칙으로 받아들였다고 생각해 보자. 그러면 'A 또는 B'로부터 'A'가 도출된다는 전제하에 다음과 같이 쓸 수 있다.

두견새는 꾸루룩하고 운다, 또는 꾀꼬리는 꾸루룩하고 운다. 그러므로 두견새는 꾸루룩하고 운다.

이 문장의 전제는 옳지만, 결론은 틀리다. 따라서 전제는 옳지만 결론이 틀리다면, 옳은 연역적 추론이라 볼 수 없다. 앞에서 'A 또는 B → A' 등에서 'A'와 'B'에는 임의의 구체적인 명제가 들어간다고 서술한 바 있다. 거기에 이와 같은 구체적인 명제를 대입해 보면, 지금과 같이 전제가 옳음에도 불구하고 결론이 틀린 경우를 보게 된다. 이와 같은 구체적인 예를 **'반례(反例)'**라고 한다. 추론규칙 '□ → △'에 대한 반례는 전제 □가 옳음에도 불구하고, 결론

△가 틀리게 되는 □와 △의 구체적인 예를 말한다.

덧붙여 말하면 이와 같은 추론규칙뿐만 아니라, 논리명제에 대해서도 '반례'를 생각해 볼 수 있다. 논리명제란 반드시 옳다는 명제를 말하기 때문에 이를 모순되게 만드는 구체적인 예가 있으면 이것이 반례가 된다. 예를 들어 '(A 또는 B)라면 A'라는 명제를 생각해 보자. 이 명제를 논리명제라 주장할 사람은 아무도 없다. 왜냐하면 간단히 반례가 드러나기 때문이다. 'A'에 '두견새는 꾸루룩하고 운다', 'B'에 '꾀꼬리는 꾸루룩하고 운다'를 대입하여 생각하면 '두견새가 꾸루룩하고 울거나 꾀꼬리가 꾸루룩하고 울거나 둘 중 하나라면, 두견새는 꾸루룩하고 운다'라는 문장이 나오기 때문에 틀린 명제가 되는 것이다.

반대로 논리법칙이 될 수 있는 것은 반례가 없는 것(반례가 드러나지 않는 논리명제)이다. 예를 들어 다음의 추론규칙을 생각해 보자.

A 또는 B → B 또는 A

전제는 옳아도 결론이 틀린 이 추론규칙에 대한 반례는 무엇일까? '두견새가 꾸루룩하고 울거나, 또는 꾀꼬리가 꾸루룩하고 운다'가 옳다면, '꾀꼬리가 꾸루룩하고 울거나, 또는 두견새가 꾸루룩하고 운다'도 옳을 것이다. '철수가 밤길에 뒤에서 나를 때렸다,

또는 영희가 밤길에 뒤에서 나를 때렸다'가 옳다면 '영희가 밤길에 뒤에서 나를 때렸다, 또는 철수가 밤길에 뒤에서 나를 때렸다'도 옳다. 이처럼 논리법칙에 '반례가 없을 경우' 이를 논리법칙의 **'타당성'** 이라고 부른다.

논리법칙으로 인정할 수 있는 것과 인정할 수 없는 것을 구별하려면 '반례'가 있는지 없는지 따져 봐야 한다. 그리고 이때 '반례'가 있는 것이 타당하지 않은 것이고, '반례'가 없는 것이 타당한 논리법칙이다.

그러나 이것은 단지 출발점에 지나지 않는다. 문제는 그 타당성을 어떻게 판단할 것인가이다. 즉, 그 논리법칙에 반례가 없다는 것을 어떻게 확인해야 하는가? 이와 같은 문제가 제기되면, 왠지 어딘가에서 '그것을 위해 증명이 있는 것 아닌가요?'라는 소리가 들려오는 듯하다. 하지만 이것은 아니다. 다시 한 번 우리가 지금 무엇을 하려는 것인지 생각해 보자.

우리는 지금 '표준적인 명제논리 체계는 바람직한 논리법칙을 모두 증명해 주는 체계인가?'를 알고자 하는 것이다. 그리고 이미 바람직한 논리법칙이란 타당한 논리법칙이라는 것을 확인하였다. 즉, 우리가 알고자 하는 것은 우리의 논리체계가 타당한 논리법칙을 모두 증명해 주는지의 여부이다. 논리법칙의 타당성을 증명하여 확인할 수 있다면 '타당한 논리법칙을 모두 증명할 수 있다'는 것은 당연한 일일 것이다.

두 가지 접근

여기에서 어떤 논리법칙에 관해 말하는 그 '증명가능성'과 '타당성'은 어디까지나 다른 개념이라는 점을 분명히 이해해 주길 바란다. '증명가능성'과 '타당성'은 일치한다고 예상할 것이다. 하지만 가만히 있어도 일치하는 것이 아니라, 논리체계를 만들 때 증명가능성과 타당성이 일치하도록 노력하지 않으면 안 되고, 정확하게 양자가 일치하고 있는지 아닌지 확인하지 않으면 안 된다.

'증명한다'는 것은 자신들이 규정한 출발점이 되는 논리법칙 (우리의 경우는 부정, 연언, 선언, 조건법의 도입칙과 제거칙)만을 사용하여, 다른 논리법칙을 도출하는 것이었다. 이와 같이 먼저 출발점이 되는 논리법칙을 규정하고, 그것을 이용하여 여러 가지 논리법칙을 증명해 가는 것을 **'공리계'** 라고 부른다. 이때 출발점이 되는 논리법칙은 **'공리'** 라고 부르고, 증명된 논리법칙은 '정리'라고 한다. 우리의 논리체계에 대해 말하면 부정, 연언, 선언, 조건법에

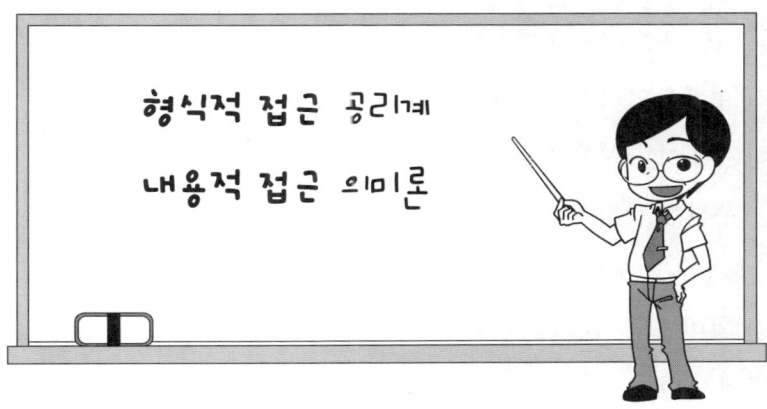

대한 도입칙과 제거칙이 공리이고, 그것을 사용하여 증명한 '((A 가 아니다)가 아니다) 또는 B → A 또는 B' 등이 **'정리'** 가 된다.

공리계는 구체적인 명제의 사례를 생각하지 않고, 'A' 라든가, 'B' 로 '명제의 형태', 명제의 형식만을 다루기 때문에(우리는 지금까지 그러한 명제의 형식을, 생략하여 '명제' 라고 불러왔다) **형식적 체계** 라고 부른다. 그리고 공리계의 방식을 **'형식적 접근'** 이라고 부르기로 하자.

이에 비해 논리법칙의 타당성을 다루는 방식은 예컨대 'A 또는 B → A' 'A 또는 B → B 또는 A' 에 반례(구체적인 명제의 사례)가 있는지 없는지를 생각하는 것이드로 이것을 **'내용적 접근'** 이라고 부르자. 대개는 **'의미론'** 이라고 부르지만, 한쪽을 '형식적 접근' 이라 부르기로 했기 때문에 대비가 되도록 하기 위해 '내용적 접근' 이라고 부르기로 하겠다.

그렇다면 내용적 접근이 어떤 것인지, 그 방식을 살펴보자. 표준적 명제논리의 입장이 어떠한 형태로 배중률을 타당한 명제라고 하는지 그 부분을 보겠다.

우선 표준적 명제논리의 입장에서 어떤 명제가 '옳다'는 것은 '세계가 그 명제가 기술하는 대로라는 것'에 지나지 않는다. 이러한 의미에서 어떤 명제가 옳을 때 그 명제는 '참'이라고 하고, 그 명제가 틀릴 때 '거짓'이라고 한다. 당연한 것 아니냐고 생각합니까? 하지만 이것은 결코 당연한 것이 아니다.

비표준적인 입장에서는 어떤 명제가 '옳다'는 것은 '인간이 그 명제를 정당화할 수 있을 것(증명하거나 관찰에 의해 확인할 수 있을 것)'이라고 말하겠지만, 표준적 입장에서는 정당화라는 점은 전혀 문제가 되지 않는다. 마치 신의 관점에 서 있기라도 하듯이 "영희가 철수를 좋아하면, '영희는 철수를 좋아한다'는 참, 그렇지 않으면 거짓이라고 말할 수 있고, 철수에게 용기가 있다면, '철수에게 용기가 있다'는 참, 그렇지 않으면 거짓. 원주율 π의 무한소수 전개에 7이 10개가 연달아 나타난다면, 'π의 무한소수 전개에 7이 10개 연달아 나타난다'는 참, 그렇지 않으면 거짓" 이런 식이 된다. 참도 거짓도 아닌 경우는 생각할 수 없고, 참과 거짓을 인간이 알 수 있는지 아닌지도 개의치 않아 한다.

이렇게 명제는 반드시 참이거나 거짓이라고만 생각한다. 또한 표준적인 명제논리의 입장에서 부정은 '명제의 진의를 반전하는 함수' 이다. 예를 들면 '영희는 철수를 좋아한다' 가 참이라면, '영희는 철수를 좋아하지 않는다 는 거짓이 된다. 또 '영희는 철수를 좋아한다' 가 거짓이라면, '영희는 철수를 좋아하지 않는다' 는 참이 된다. 즉, 어떤 명제 'A' 를 부정한다는 것은 그 명제 'A' 가 거짓이라면 참이 되도록 만드는 명제를 만든다는 것이다.

A가 아니다   A가 참일 때 거짓, A가 거짓일 때 참

그렇다면 부정을 '함수' 로 생각해 보자. 여기에서 'A가 아니다' 는 'A' 에 참을 입력하면 거짓이 출력되고, 'A' 에 거짓을 입력하면 참이 출력되는 함수이다. 이때 참과 거짓이 입출력의 값이 되므로 **진리함수** 라고 부르자. 즉, 부정을 참과 거짓이 반전된 진리함수의 의미로 본다는 것이 표준적인 명제논리의 입장이다.

마찬가지로 '또는' 도 진리함수로서 의미를 갖는다. 여기서 진리함수란 'A 또는 B' 는 'A' 이거나 'B' 중 적어도 어느 한쪽이 참일 때 참이고, 'A' 와 'B' 둘 다 거짓이면 거짓이 되는 것을 뜻한다.

A 또는 B   A나 B 둘 중 어느 한쪽이 참일 때 참, A와 B 둘 다 거짓일 때 거짓

예를 들면 '두견새는 꾸루룩하고 운다, 또는 꾀꼬리는 꾸루룩하고 운다'는 '꾀꼬리는 꾸루룩하고 운다'가 참이므로 전체적으로는 참이며, '하마는 우제류다, 또는 기린은 우제류다'는 하마와 기린 모두 우제류여서 양쪽 모두 참이므로, 역시 전체가 참이다. 혹은 '미국의 수도는 마이애미이거나, 또는 미국의 수도는 라스베가스다'는 둘 다 거짓이므로, 역시 전체적으로도 거짓이 되는 것이다.

연언과 조건법도 이와 같이 진리함수를 규정하고 있지만, 지금은 배중률과 관계있는 것만 다루고 있으므로 부정과 선언에만 한정하겠다. 그래서 이와 같은 부정과 선언의 의미를 진리함수로 규정하면, 배중률 'A 또는 (A가 아니다)'가 타당하다는 것이 거기에서 도출된다.

우선 '또는'에 규정된 진리함수로서의 의미로 보면 'A 또는 (A가 아니다)'는 'A'이든가 'A가 아니다' 둘 중 하나가 참일 때 참이 된다.

또 '부정'에 규정된 진리함수로서의 의미를 보면 'A'가 거짓일 때 'A가 아니다'가 참이 되므로 'A'이든가 'A가 아니다' 중 하나는 반드시 참이 된다. 그러므로 'A 또는 (A가 아니다)'는 반드시 참이 된다. 이것이 바로 표준적인 명제논리의 입장으로부터 '배중률은 타당하다'는 증거이다.

이것은 곧, 배중률에는 반례가 있을 수 없다는 것을 의미한다.

실제로 그러한지 'A 또는 (A가 아니다)'의 'A' 위치에 구체적인 명제를 넣어 반례를 한번 만들어 보자. 표준적인 입장에 따르면, 어떤 명제도 참이나 거짓 중 하나일 것이고, '~가 아니다'도 '또는'도 진리함수로서의 의미를 갖기 때문에 참 명제를 넣는가, 거짓 명제를 넣는가가 문제이다.

그리고 'A'에 ('꾀꼬리는 꾸루룩하고 운다'이든, '하마는 우제류다'이든) 참 명제를 넣을 때, 'A 또는 (A가 아니다)'는 전체적으로 참이 되며, 'A'에 ('두견새는 꾸루룩하고 운다'이든, '미국의 수도는 마이애미다'이든) 거짓 명제를 넣어도 그때는 'A가 아니다'가 참이 되므로 'A 또는 (A가 아니다)'는 전체가 역시 참이 된다. 즉, 배중률이 거짓이 되는 반례는 만들 수 없다.

단, 이것은 배중률에는 반례가 있다고 생각하는 비표준적인 입장이 틀렸다는 것을 의미하는 것은 아니다. 비표준적인 입장에서 보면, 지금 본 것과 같은 표준적인 입장에 의해 명제가 참인지 거짓인지를 파악하는 방법, 그리고 그것에 기초하여 부정과 선언을 진리함수로 파악하는 법 등이 문제시되기 때문이다.

즉, 표준적인 명제논리의 입장에서는 배중률을 타당한 논리명제로서 인정하려 하기 때문에 그와 같이 명제는 참이든 거짓이든 둘 중 하나이고, 나아가 부정과 선언도 참·거짓의 함수로 파악하는 의미론을 부여한 것이다. 그러므로 여기에서 나타나는 표준적인 명제논리의 내용적 접근은 비표준적인 입장에 대항하여 자신의 입장을 정당화하는 것이 아니라, 오히려 자신의 입장은 이렇다는 것을 명확하게 한 것이라 할 수 있다. 표준적인 명제논리는 '우리는 명제의 참·거짓을 이렇게 파악하고, 부정과 선언을 진리함수로서 이렇게 파악한다'라고 선언하고, 배중률을 타당한 명제로 간주하는 방법을 분명하게 한 것이다.

'건전' 하고 '완전' 한 공리계

지금은 표준적인 명제논리의 의미론을 부여하는 방법에 대한 예만 보았지만, 다른 논리체계의 경우에도 어떠한 것을 타당한 논리법칙으로 간주할 것인가를 규정할 때 이러한 방법으로 한다. 그리고 이것은 그 논리체계에서 다루려는 논리법칙의 범위 설정이 된다. 즉, 바람직한 논리법칙과 바람직하지 않은 논리법칙을 명확히 하는 것이다. 표준적인 명제논리의 입장에서 보면 드모르간의 법칙과 배중률은 바람직한 논리법칙에 포함된다.

그리고 이와 같이 설정된 타당한 논리법칙을 모든 상황에 적절하게(과하지도 부족하지도 않게) 증명하려고 시도하는 것이 공리계이다. 우리들이 지금까지 살펴본, 부정, 연언, 선언, 조건법의 도입칙과 제거칙을 공리로 하는 공리계도 표준적인 명제논리가 타당하다고 보는 논리법칙을 적절하게 증명할 수 있을 것이라고 기대한다.

이 기대가 만족될 때 공리계는 건전하고, 완전하다고 할 수 있다. '건전'과 '완전'이 둘 다 필요한 이유는 과하지도 부족하지도 않다는 두 가지 점 때문이다. 과하지 않다는 것은, 곧 이런 것이다.

(1) 공리계는 타당한 논리법칙만 증명하고, 타당하지 않은 논리법칙은 증명하지 않는다.

이때 공리계는 **'건전'** 하다고 한다. 필요 없는 것까지 증명하는 것은 아니기 때문에 '건전'이라고 부르는 것은 운치 있는 말이라고 생각한다.

다른 하나는 부족하지 않다는 뜻인데, 다음과 같이 쓴다.

(2) 그 공리계는 타당한 논리법칙 모두를 증명할 수 있다.

즉, 바람직한 논리법칙은 다 증명할 수 있다는 것으로, 이 경우 그 공리계는 **'완전'** 하다고 말한다.

이렇게 공리계는 건전하고 완전한 것을 지향한다.

하지만 공리계를 만드는 데 실패하는 경우도 발생할 것이다. 극단적인 예지만, 깜빡 잊어버리고 우리의 공리계에 '또는 투입'의 하나인 'B → A 또는 B'를 넣지 않았다고 합시다. 그러면 그것은 바람직한 논리법칙을 증명할 수 없는 **'불완전한'** 공리계가 되어 버린다. 이상한 공리를 추가한 것이 아니라, 하나의 공리를 빼먹은 것 때문에 타당하지 않은 논리 법칙이 증명되어 버리는 경우는 없으므로 건전성은 보장된다. 그러므로 실수를 한 그 공리계는 '건전하지만 불완전한' 공리계라고 할 수 있다.

우리의 공리계는 어떠한가 하고 이야기를 꺼내기 시작하면 매우 길어지므로 상세한 논의는 하지 않겠지만, 건전하고 완전한 공리계라는 것은 알 수 있다. 즉, 표준적인 명제논리가 타당하다고 인정하는 논리법칙 모두를 적절하게 증명할 수 있는 것이 공리계인 것이다.

그런 의미에서 우리들의 공리계는 '잘 되어 가고 있다'고 할 수 있다. 단, 우리의 공리계가 건전하고 완전하다는 것도, 우리가 표준적인 명제논리의 입장을 취하고, 그 입장으로부터 타당한 논리법칙의 범위를 설정했기 때문이다. 배중률을 거부하는 입장에서 보면 우리의 공리계는 배중률과 같은 필요 없는 것까지 증명해 버리는 불건전한 공리계가 될 것이고, 반대로 표준적인 입장에서 보면 배중률을 거부하는 것과 같은 공리계는 바람직하지만 증명할 수 없는 명제가 있는 불완전한 공리계라고 할 수 있을 것이다.

여러 가지 공리계를 만들다

한 가지 보충하겠다. 지금 표준적인 명제논리 입장으로부터 타당한 논리법칙의 범위를 설정했다고 합시다. 이때 논리법칙을 통해 건전하면서도 완전한 공리계라는 것을 적절하게 증명한다(157쪽). 하지만 이 공리계는 우리들이 부여한 것만 있는 것이 아니다.

예를 들면 우리는 '또는 추출'로서 소거법 'A 또는 B, A가 아니다 → B'와 'A 또는 B, B가 아니다 → A'를 제시했다. 그러나 이것은 내가 '어찌되었든 논법'이라고 부른 'A 또는 B, A 라면 C, B라면 C → C'로 대체할 수 있다. 소거법을 공리로 취하면, '어찌되었든 논법'은 정리가 되고, '어찌되었든 논법'을 공리로 취하면 소거법이 '정리'가 된다. 따라서 어느 공리도 동일한 정도로 논리법칙을 증명할 수 있다는 의미에서 동등하다.

이와 같이 동등한 공리계는 몇 개라도 만들 수 있다. 얼핏 보면 동등하게 보이지 않는 공리계도 있을 수 있다. 예를 들면 다음 공리계는 우리들이 부여한 도입칙과 제거칙으로 만들어지는 공리계와 동등한 것이라는 점을 보여 주고 있다. 한 번 보고 이해할 수 있는 것도 아니고, 지금은 이해할 필요도 없으므로 그냥 편하게 보면 좋을 것 같다.

(1) A라면 (B라면 A)

(2) (A라면 (B라면 C))라면 ((A라면 B)라면 (A라면 C))

(3) ((B가 아니다)라면 (A가 아니다))라면 (((B가 아니다)라면 A)라면 B)

(4) A, A라면 B → B

여기에서 '또한'과 '또는'은 없지만, '또한'과 '또는'은 '~라면'과 '~가 아니다'를 사용하여 정의할 수 있다(어떤 정의인지는 생략한다).

이 공리계와 우리가 157쪽에서 제시한 공리계는 전혀 다른 것 같이 보일 수도 있지만, 드모르간의 법칙이나 배중률을 정리로서 증명하는 공리계와 동등하다.

왜 동등한지 알고 싶다면 다음 설명을 보자.

우선 우리의 공리계에서 위의 (1)~(4)를 정리로서 증명한다. 그러면 우리의 공리계에서도 이들 (1)~(4)는 사용할 수 있게 되므로, 위의 (1)~(4)의 공리계에서 증명할 수 있는 정리는 모두 우리의 공리계에서도 증명할 수 있다는 것을 의미한다.

다음으로 지금과 반대의 순서로 하는데, (1)~(4)의 공리로부터 우리의 공리계의 공리를 정리로서 증명한다. 이것은 우리의 공리계에서 증명할 수 있는 정리는 위의 (1)~(4)의 공리로부터 만들어지는 공리계에서도 증명할 수 있다는 것을 의미한다.

따라서 우리의 공리계든 우리의 공리계가 아니든 동등하다고 할 수 있다.

자, 지금까지의 내용을 다시 정리해 보자.

애초 시작은 부정, 연언, 선언, 조건법이라는 말에 주목하고, 명제논리를 시도했다. 이때 타당한 명제의 범위에 관해 복수의 입장이 가능해진다. 예를 들면 배중률을 인정하지 않는 입장도 있다. 여기서 우리가 택한 길은 표준적인 명제논리라는 길이었다. 그리고 이 표준적인 명제논리의 공리계를 만들 때 동등한 공리계가 여러 가지로 가능해진다는 것이다.

타당한 명제의 범위에 관한 입장의 복수성과 하나의 입장을 토대로 한 공리계의 복수성을 혼동하지 않길 바란다. 무엇이 타당한 명제이고, 무엇이 그렇지 않은지에 관한 입장 차이는 매우 근본적인 것이다. 그것에 비하면 같은 입장 안에서 가능해지는 복수의 공리계 중 어느 것을 사용하는가 하는 점은 작은 문제라고도 할 수 있다.

그래도 우리가 만들어 온 도입칙과 제거칙의 조합으로 이루어지는 공리계에는 굉장히 큰 특징이 있다. 무엇보다도 알기 쉽지 않은가? 공리 하나하나, 각각의 도입칙과 제거칙은 매우 알기 쉽다. 그리고 이렇게 알기 쉬운 것은 단순히 교육적인 목적 이외에 큰 의미가 있다. 공리계가 쉬운 이유는 형식적 접근과 내용적 접근이 가능한 한 가까운 거리에 있는 공리계이기 때문이다. 즉, '~가 아니다' '또한' '또는' '~라면'이라는 말의 의미를 생각하는 것이, 그것들의 도입칙과 제거칙을 부여하는 형태를 취하며, 그렇게 부여된 도입칙과 제거칙이 그대로 공리계의 공리가 되는 것이다.

조금 더 자세하게 설명하면 앞에서 표준적 명제논리의 의미론으로서 부정과 선언을 진리함수로 규정한다고 했다. 이 진리함수로서의 규정(의미론)과 도입칙, 제거칙의 조합(공리)을 비교해 보자. 먼저 부정의 도입칙과 제거칙은 다음과 같다.

부정의 도입칙(배리법)   'A'를 가정하고 모순이 도출되었을 때 'A가 아니다'라고 결론지어도 좋다.

부정의 제거칙(이중부정추출)   (A가 아니다)가 아니다 → A

'A'를 가정하여 모순이 도출되면, 'A'는 거짓이다. 이때 도입칙은 'A가 아니다' 라고 결론지어도 좋다고 말하고 있다. 즉, 'A' 가 거짓일 때, 'A가 아니다' 는 참이 된다는 것이다. 또 '(A가 아니다) 가 아니다 → A' 도 역시 '~가 아니다' 가 참과 거짓이 바뀌는 진리 함수라는 사실을 충실하게 반영한 것이다. 참과 거짓을 반전하는 함수이므로, 두 번 적용하면 원래 상태로 돌아온다.

선언의 도입칙과 제거칙도 봅시다.

선언의 도입칙(또는 투입)   (1) A → A 또는 B

                                  (2) B → A 또는 B

선언의 제거칙(소거법)   (1) A 또는 B, A가 아니다 → B

                                  (2) A 또는 B, B가 아니다 → A

도입칙은 이미 진리함수 그 자체라는 느낌이 든다.

'A' 가 참이면 'A 또는 B' 가 참이 되고, 'B' 가 참이어도 'A 또는 B' 는 참이 된다. 또한 선언의 제거칙(소거법)에 따르면, " 'A' 와 'B' 가 거짓일 때 'A 또는 B' 도 거짓이다"라는 것이 도출된다. 한 번 실험해 보자. 'A' 와 'B' 가 거짓이라고 합시다.

'A' 가 거짓이면 'A가 아니다' 가 참이 된다.

그때 만일 'A 또는 B' 가 사실이라고 한다면, 선언의 제거칙(소 거법)에 따라 B가 참이 된다.

그러나 지금 'B'가 거짓인 경우를 생각하고 있었기 때문에, 이 것은 모순이다.

즉, 'A'와 'B'가 거짓일 때에는 'A 또는 B'가 참이라고 가정하 면 모순이 된다. 따라서 'A'와 'B'가 거짓일 때에는 'A 또는 B'도 거짓이 된다.

여기에서 말하고자 하는 것은 우리가 부여한 것과 같은 형태로 선언의 도입칙과 제거칙을 공리로 하는 것은, 내용적 접근에 있어 서의 선언을 진리함수로서 먼저 서술하도록 규정한다는 것과 실질 적으로는 같은 의미라는 것이다.

이것이 조금 전에 나온 공리 (1)~(4)로부터 만들어진 공리계 (191쪽 참조)라는 것은 아니다. 반복해서 쓰지 않을 테니, 해당 쪽 에 돌아가 다시 한 번 보길 바란다. 처음에 이것을 보고, 부정과 선 언의 진리함수를 이해한다는 것은 도저히 인간의 능력으로 불가 능한 일이다. 그런 의미에서 우리가 채택해 온 부정, 연언, 선언, 조건법의 각각에 대하여 도입칙과 제거칙의 조합을 부여해 가는 공리계는 결국 순수하게 내용적 접근에 근접한 것이라고 할 수 있 다.

그리고 거기에서 내가 이 공리계를 채용한 의도도 있었다. 나는 내용적 접근과 형식적 접근이 긴밀한 관계에 있는 공리계로 이 책 의 논의를 진행시켜 왔다. 따라서 이러한 공리계를 여기에 채택하 여 온 것이다. 이런 유형의 공리계를 **'자연연역'**이라고 부른다. 말할 필요도 없겠지만, 그렇다고 다른 유형의 공리계를 '부자연연역'이라고 부르는 것은 아니다.

괴델의 불완전성정리

모처럼 '완전성' 이야기가 나왔으니, 한 가지 덧붙여 말하겠다. 괴델의 불완전성정리에 대한 이야기이다. 혹시 하이킹을 즐기고 있을 때 뾰족한 산봉우리가 보이면 동행자에게 '야, 저기 산이 보인다' 라고 말하고 싶지 않습니까? 나는 지금 그런 느낌이다. 잠깐 가던 길을 멈추고 땀이 식기를 기다리는 기분으로 읽으면 좋을 것 같다.

'괴델의 불완전성정리' 라는 것은 내용은 모르더라도 이름은 들어본 적이 있을 것이다. 꽤 유명한 정리이고, 내용이 매우 흥미롭기 때문이다. 어떻게 보면 충격적이기까지 하다. 이 정리는 쿠르드 괴델이 1931년에 증명한 것으로 괴델의 천재성이 표출되어 있어서인지는 몰라도, '괴델의~' 라고 단어 앞머리에 붙여 말하는 것이 일반적이다.

괴델의 불완전성정리를 배우기 위해서는 먼저 '무엇이 불완전한 것이라고 말할 수 있는가'를 이해해야 한다. 여기에서 '불완전'이라는 것은 바로 좀 전에 말한 '완전 또한 불완전'이라는 의미이다. 즉, 어떤 공리에 대하여 그것이 '완전'하다라고 말하든가 '불완전'하다라고 말할 때 쓰는 것을 말한다. 그리고 괴델이 그 불완전성을 증명해 보인 것은 자연수론에 대한 대표적인 공리계였다.

자연수론이라는 것은 문자 그대로 자연수에 관한 수학을 뜻한다. 이는 매우 어려운 정리를 가지고 있기도 하지만 '1+1=2'라는 것도 자연수론의 정리에 포함된다. 논리학과 수학이라는 것은 밀접하게 관련되어 있고, 그 경계선에서 수학 쪽으로 한 발 더 나아간 것이 이 자연수론이다. 논리학과 수학의 가장 큰 차이점은 수학은 숫자를 다룬다는 것이다. 그러므로 자연수론이 불완전하다는 것은 수학의 한 분야가 불완전하다는 것이 아니라, 논리학에서부터 수학 쪽으로 한 발 더 나아가면 불완전하다는 뜻으로 실질적으로는 수학 전체에 대한 불완전성의 선고인 셈이다.

따라서 괴델의 증명은 자연수론의 특정한 공리계에 대한 것이었지만, 그것은 매우 일반적인 공리계이며, 괴델의 증명방법도 일반적인 것이었기 때문에 그 귀결이 단 하나의 공리계의 불완전성을 말하는 데에 그치는 것은 아니었다. 그것은 자연수론에 대하여 완전한 공리계를 만드는 것은 불가능하다는 일반적인 결론을 제시하는 것이었다. 그리고 자연수론이 틀리면 수학 전체가 틀리게 되므로, 결국 괴델의 불완전성정리의 취지는 다음과 같이 표현할 수 있다.

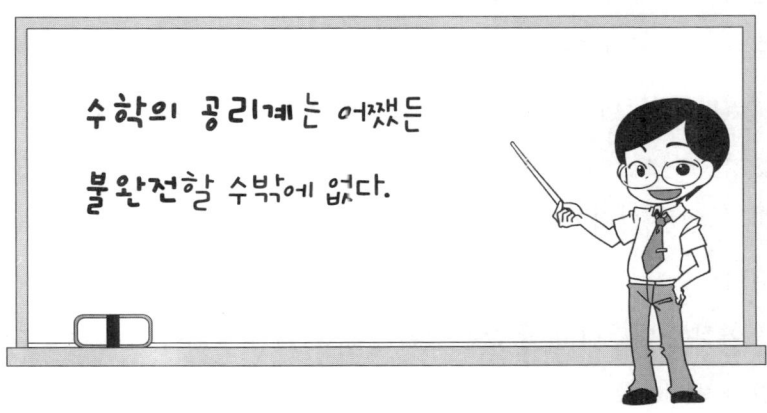

저를 포함한 수학의 초보자들은 대부분 수학이라는 것에 대해서 무조건 증명해 가는 것이라는 이미지를 갖고 있지 않습니까? 그러나 괴델의 불완전성정리에서 말하는 것은, 공리계에 의한 증명이라는 방법에는 한계가 있다는 것이다. 즉, 수학이 책임져야 할 명제임에도 불구하고, 그것이 옳든 틀리든, 아무리 해도 증명할 수 없는 명제가 있다는 뜻이다. 수학이 책임을 져야 할 명제라는 것은, 간단한 예를 들면 '1+2=3'이라든지, '1+2=9'라든지 하는 것인데, '1+2=3'이라는 것은 수학의 도구를 이용하여 옳다는 것을 증명해야 하는 것이고, '1+2=9'라는 것은 수학의 도구를 이용하여 그것이 틀리다는 것을 증명해야 하는 것이다. 이와 같이 수학의 도구를 이용하여 그것의 옳고 그름을 증명하지 않으면 안 되는 명제임에도 불구하고 괴델은 '공리계에 의한 증명이라는 방법으로는 그것이 옳은지 틀린지 증명할 수 없다'는 명제를 만들어보였다. 더구나 매우 일반적으로 그러한 명제를 만드는 법을 제시했기 때문에, 어떤 공리계를 가지고 와서, 증명하고 싶어도 증명할 수 없는 그런 명제가 그 공리계에서 만들어진다는 것이 분명해졌다.

이것은 대단히 놀랄 만한 정리인데, 많은 사람들이 이 정리를 다양한 방식으로 해석하고 있다. 그 중에는 '괴델의 불완전성정리는 인간 지성의 한계를 보여 주었다'라고 크게 과장하여 평가하는 사람도 있지만, 나는 이 의견에 동의하지 않는다. 괴델의 불완전성정리는 무엇보다도 우선 공리계라는 방법의 한계를 보여 준 것으로, '인간의 지성'이라는 점을 생각한다면, 결코 공리계만이 인간의 지성은 아니라고 생각한다.

다시 말하면, 우리가 원래 목표로 했던 표준적인 명제논리에 대한 '자연연역' 유형의 공리계는 완전하다는 것이 드러났다. 즉, 여기서는 공리계에 의한 증명이라는 방법은 100% 훌륭하게 기능하는 것이다. 또 한 가지 말해 두면 명제논리에 그치지 않고, 논리학의 체계는 기본적으로 완전한 공리계를 만들 수 있다. 이것을 생각

하면, 수학의 세계라는 것은 공리계라는 정리된 체계에서 해결할
수 없을 만큼 풍부하다는 것을 절실히 느끼게 된다.

제 6 장

'모두'와
'존재한다'의
추론

이 추론은 어떻게 다룰 것인가

지금까지 표준적 명제논리의 성립에 대한 것을 살펴보았다. 명제논리란 하나의 완결된 논리체계이므로 우리는 이것으로 어떻든 하나의 논리체계를 만드는 작업이 어떤 것인가를 살펴본 셈이다. 말하자면 논리학의 공장에서 '표준적인 명제논리' 라는 하나의 제품이 만들어져 나오는 과정을 본 것이다. 논리학 공장의 역할은 그 제품의 건전성과 완전성을 점검하는 품질검사까지 한다.

그러나 우리의 언어라는 것은 훨씬 더 풍부하고, 명제논리가 목표로 삼는 추론은 그 일부분에 지나지 않는다. 그 밖에도 논리학이 다루지 않으면 안 되는 추론은 여러 가지가 있다. 다음 추론의 예를 보자.

전제 1. 나의 단팥빵을 먹은 놈이 있다.

전제 2. 나의 단팥빵을 먹은 놈에게는 천벌이 내릴 것이다.

결 론 그러므로 천벌을 받는 놈이 있다.

먼저 이 추론이 연역으로서 옳은지 생각해 보자. 두 전제가 옳다고 인정한다면, 반드시 결론 역시 옳다고 인정하지 않으면 안 된다. 나의 단팥빵을 먹은 누군가가 있고, 나의 단팥빵을 먹은 사람에게는 천벌이 내린다는 것이므로 어디선가 누군가는 천벌을 받을 것임에 틀림없다.

그런데 이 추론은 명제논리라고 말할 수 있을까? 전제 2인 '나의 단팥빵을 먹은 놈에게는 천벌이 내릴 것이다'는 'A라면 B'의 형태로 쓴 것이다. 하지만 전제 1인 '나의 단팥빵을 먹은 놈이 있다'는 어떠한가? 명제논리에서 취급하던 말들을 떠올려 보자. 부정 '~가 아니다', 연언 '또한', 선언 '또는', 조건법 '~라면' 등이 있다. 하지만 '나의 단팥빵을 먹은 놈이 있다'에는 그 어떤 것도 포함되어 있지 않다. 결론인 '천벌을 받는 놈이 있다'도 마찬가지다.

이러한 추론이 있을 경우, 논리학은 어떠한가? 나는 매우 기쁘게 생각한다. 지금까지의 체계에서는 다루지 않은 추론이 등장할 뿐만 아니라 그것이 중요한 추론의 유형이라면, 당장 팔을 걷어붙이고 시작하고 싶은 마음이 들 것이다. 이에 앞서 이 추론이 연역으로서 옳은 것이라는 그 구조를 명확히 밝히고 싶다. 따라서 (명제논리에 대해 살펴 온 지금까지의 방법을 떠올려 보자) 이 추론을 성립시키고 있는 본질적인 말은 무엇인지를 생각해 본다. 명제논리에서는 그것이 부정, 연언, 선언, 조건법이었다. 그렇지만 지금은 그것을 다루지 않는다. 그렇다면 이 경우에는 이 추론을 성립시키고 있는 논리의 언어로 어떤 말을 선택해야 좋을까? 어떤 단어를 사용하여 성립되는 걸까? '단팥빵' 일까?

전칭과 존재

　아니, 절대 '단팥빵'은 아닐 것이다. 당신이 만약 "왜 이 추론을 성립시키고 있는 논리의 언어에 '단팥빵'은 포함되지 않는 거죠?" 라는 질문을 받는다면 뭐라고 대답하겠는가?

　왜냐하면 크림빵이어도 상관없기 때문이다. 이것이 바로 정답이다. 마늘빵이어도 상관없다(물론 빵이 아니어도 좋다). '천벌이 내린다'는 부분 역시 다른 것이어도 상관없다. '신이 내린다'여도 '은하수가 내린다'여도 상관이 없다. 이상한 예일지는 모르겠지만 '나의 크림빵을 먹은 놈이 있다. 크림빵을 먹은 놈에게는 은하수가 내릴 것이다. 그러므로 누군가에게 은하수가 내릴 것이다'라는 문장도 연역으로서는 옳은 추론이 되는 것이다. 이렇게 이 추론에 본질적인 말만 남겨 두고, 그 밖의 교환 가능한 부분은 무엇을 넣어도 좋도록 기호나 다른 어떤 것으로 바꿔 보자. 이것을 '**추론의 형식화**'라고 하는데, 위에서 본 예도 응용이 가능한지 생각해 보자.

우선 전제 1인 '나의 단팥빵을 먹은 놈이 있다'의 형식은 'F라는 것이 있다'와 같이 쓸 수 있다. 'F라는'에는 '나의 단팥빵을 먹었다'라든가 '천벌이 내린다' 등이 들어간다. 명제논리에서는 문장을 표현할 때 'A'와 'B'를 사용했지만, 'F'는 문장이 아니라 어떤 것의 상태를 나타내는 어구(술어)이므로 알파벳을 좀 달리하여 'F'라든가 'G'를 사용해 보자.

전제 2 '나의 단팥빵을 먹은 놈에게는 천벌이 내릴 것이다'의 형식을 분명하게 생각해 내는 것은 조금 까다롭다. 그런데 우선 여기에서는 하나 확인하고 넘어가 보자. 이 전제에는 '누구여도'라는 단어가 숨겨져 있다. 즉, '나의 단팥빵을 먹은 놈에게는 그게 누구여도 그놈에게는 천벌이 내릴 것이다'라는 의미가 있는 것이다. 그러므로 누구인지 모르는 사람이 나의 단팥빵을 먹었다는 것으로부터 그 사람에게는 틀림없이 천벌이 내릴 것이라고 결론을 짓는 것이다. 이 결론이 예외를 허용하지 않고, 틀림없이 그 사람에게는 천벌이 내릴 것이라고 말할 수 있기 위해서는 전제 2 역시 예외를 허용해서는 안 된다. 나의 단팥빵을 먹은 나쁜 녀석은 누구라도 천벌이 내린다!

따라서 지금 문제가 되는 단팥빵과 천벌의 추론은 그 본질적인 추론형식만을 추려 보면 다음과 같다.

F라는 것이 존재한다.

F라는 것은 모두 G이다.

그러므로, G라는 것이 존재한다.

　이런 식으로 형식화한다는 것은 F와 G의 부분은 추론의 옳고 그름에 상관없으므로 좋을대로 넣어 주십사 하는 것이고, 'F이다'는 '나의 마늘빵을 먹었다' 이든 '나의 크림빵을 먹었다' 이든 어떤 것을 넣어도 좋다. 그리고 'G이다'에는 '신이 내린다' 이든 '은하수를 내린다' 이든 상관없다. 역으로 말하면 이 추론에 있어서 본질적인 논리의 언어는 '존재한다'와 '모두'라는 것이다. 이렇게 하면 타깃이 좁혀진다. **'존재한다'와 '모두'를 사용하여 성립되는 추론을 체계화한다는 것이다.**

　'또한'을 '연언'이라 부르고, '또는'을 '선언'이라 부르듯이 이 언어들에게도 명칭이 붙는다. '존재한다'는 말 그대로 **'존재'**가 좋을 것이다. '모두'는 **전칭(全稱)**이라고 부른다. 그래서 '전칭과 존재의 추론을 체계화한다'는 것이 우리의 새로운 목표이다. 이와 같은 체계를 **'술어논리'**라고 한다. A와 B라는 명제를 다루는 명제논리에 비해 이것은 'F이다' 라든가 'G이다' 라는 식으로 어떤 것의 존재방식을 표현하는 말, 즉 술어를 다루기 때문에 '술어' 논리라고 하는 것이다.

전칭과 존재의 드모르간 법칙

'모두' 와 '존재한다' 라는 말에 관한 추론에서 대표적인 것으로 **'드모르간의 법칙'** 이 있다. 명제논리에 대해 논의할 때에도 같은 이름의 논리법칙이 있었는데, 그것은 '또한' 과 '또는' 에 관한 드모르간의 법칙이었다. 이 장에서 따르고 있는 술어논리에서는 그것은 '모두' 와 '존재한다' 에 관한 드모르간의 법칙이 된다. 왜 둘 다 드모르간의 법칙인가? 그 이유는 둘 다 드모르간이라는 사람이 연구했다는 이유가 있기도 하지만, 더욱 깊은 의미가 있다. 그리고 그것은 명제논리와 술어논리의 한 가지 중요한 차이를 드러낼 것이라고 생각한다.

'모두' 와 '존재한다' 에 관한 드모르간의 법칙에는 두 가지가 있다. 구체적으로 설명하기 전에 우선 일반적인 형태로 써 보자.

(1) (모든 것이 F이다)라는 의미가 아니다 ↔ F가 아닌 것이 존재한다.

(2) F인 것은 존재하지 않는다 ↔ 모든 것은 F가 아니다.

먼저 (1)부터 보자. 예를 들면 '모두가 휴대전화를 가지고 있는 것은 아니다' 라고 말했다고 가정해 보자. 이것은 '모두 휴대전화를 가지고 있다' 라는 문장(이렇게 '모두' 에 대해 뭔가를 서술하는 문장을 **전칭문(全稱文)** 이라고 한다)을 부정한 것이다. 그리고 '모두 휴대전화를 가지고 있는 것은 아니다' 를 바꾸어 말하면 '휴대전화를 가지고 있지 않은 사람이 있다' 가 된다(이처럼 '존재' 를 주장하는 문장을 **존재문(存在文)** 이라고 합니다).

(1)을 드모르간의 법칙으로 요약하여 쓰면 '전칭의 부정 ↔ 부정의 존재' 가 된다. 어딘가가 비슷하지 않습니까?

혹시 기억나는가? '또한' 과 '또는' 의 드모르간의 법칙(104쪽), 즉 '(A 또는 B)가 아니다' 가 '(A가 아니다) 또한 (B가 아니다)' 와 같고, '(A 또한 B)가 아니다' 가 '(A가 아니다) 또는 (B가 아니다)' 와 같다. 선언의 부정이 부정의 연언이 되고, 연언의 부정이 부정의 선언이 되는 것이다. 앞에서도 언급했듯이 여기에는 깊은 의미가 있다. 그렇지만 그 전에 (2)를 먼저 보자.

예를 들면 '츠치노코는 존재하지 않는다' 라고 말했다고 가정해 보자. 젊은 독자들은 츠치노코를 모를 것 같다. 나도 잘 모르지만 일설에 의하면 다음과 같다. 그림과 같이 생긴 뱀의 일종으로 1미터 정도 점프를 한다든가, 동그랗게 되어 굴러다닌다든가, 술을 좋아한다든가 등 여러 가지 이야기가 전해지지만, 확실한 것은 한때 화제가 되었던 미확인동물이라는 점이다. 아무튼 '츠치노코는 존재하지 않는다'라고 주장했다고 하고, 이것을 바꾸어 말하면 '모든 것은 츠치노코가 아니다'가 될 것이다. 이 경우에는 '존재의 부정 ↔ 부정의 전칭'이 된다. 이것도 역시 '또한'과 '또는'의 드모르간의 법칙과 어딘지 모르게 비슷하다.

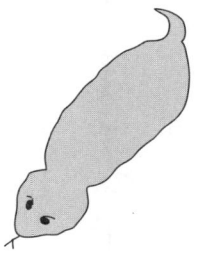

세상에 세 마리의 돼지밖에 없다면

갑작스러운 이야기지만, 세 마리의 돼지가 있고 그 이름을 '부' 와 '후' 와 '우' 라고 합시다. 그리고 이것이 이 세상에 존재하는 것의 전부라고 가정해 보자. 늑대도 없다. 이때 '전칭(모두)' 은 '또한' 을 사용하여 표현할 수 있고, '존재' 는 '또는' 을 사용하여 표현할 수 있다. 그리고 그것은 전칭과 존재의 드모르간의 법칙이 '또한' 과 '또는' 의 드모르간의 법칙과 비슷하며 깊은 의미에서 관계가 있다. 다음 문장을 생각해 봅시다.

모든 것에는 꼬리가 있다.

이 경우에 '모든 것' 이란 부와 후와 우이므로 이것은 결국 다음과 같은 것이 된다.

부에게는 꼬리가 있다. 또한 후에게는 꼬리가 있다. 또한 우에게는 꼬리가 있다.

존재문은 어떨까요? 다음 문장을 생각해 보자.

게으른 놈이 있다.

그게 부인지 후인지 우인지 알 수 없지만, 어쨌든 누군가는 게으른 놈이라는 것이므로 이것은 다음과 같이 쓸 수 있다.

부는 게으른 놈이다, 또는 후는 게으른 놈이다, 또는 우는 게으른 놈이다.

그러므로 만일 이 세상에 세 마리의 돼지밖에 없다면 전칭문은 연언문과 같고, 존재문은 선언문과 같게 될 것이다. 그리고 그 경우, '전칭의 부정 ↔ 부정의 존재' 라는 법칙은 '연언의 부정 ↔ 부정의 선언' 이라는 법칙과 완전히 똑같은 것이며 '존재의 부정 ↔ 부정의 전칭' 이라는 법칙도 역시 '선언의 부정 ↔ 부정의 연언' 이라는 법칙과 완전히 똑같다. 여기에서 둘 다 드모르간의 법칙이라고 불리는 깊은 의미가 있다.

마찬가지로 만일 이 세상에 100마리의 돼지가 있고, 그 외에는 없다고 한다면 이런 식으로 100번 연결하면 된다. 전칭문은 100개의 문장을 '또한' 으로 연결한 것, 존재문은 100개의 문장을 '또는'

으로 연결한 것이 될 것이다. 만일 10만 마리의 돼지만 있더라도 관계없다.

그러나 100만 마리든 1억 마리든 상관없이 문제가 되는 것이 유한의 개수라면 '모두' 라든가 '존재한다' 라는 말은 '또한' 과 '또는' 으로 바꾸어 쓸 수 있다는 것이다. 이 말은 곧 전칭과 존재의 추론을 다루는 논리체계인 술어논리는 명제논리로 될 수밖에 없다는 의미 이다. 역으로 말하면 명제논리만으로는 부족하여 술어논리가 정말 로 필요한 이유는 무한의 대상을 고려하지 않을 수 없기 때문이다.

예를 들면 '누구라도 언젠가는 죽는다' 라고 주장할 때 거기에서 생각되는 것이 인간뿐이라 하더라도 이것은 지금까지 죽은 사람들 뿐만이 아니라, 앞으로 죽어갈 사람들, 나아가서는 아직 태어나지 도 않은 인간에 대해서까지 '언젠가 죽는다' 라고 주장하는 것이 고, 그것을 '철수는 언젠가는 죽는다, 또한 동건은 언젠가는 죽는 다, 또한 영희는 언젠가는 죽는다……' 라고 계속 써 가도 한계는 알 수 없다. 혹은 '죽지 않는 사람이 있다' 라고 주장하는 경우에 도, '철수는 죽지 않는다, 또는 동건은 죽지 않는다, 또는 영희는 죽지 않는다……' 라고 계속 쓸 때 이것을 '……' 따위로 속이지 않 고 정확하게 쓰려면 '있다' 라든가 '존재한다' 라는 말이 어찌되었 든 필요하게 된다.

무한의 대상에 대해 그 무엇인가를 서술하지 않으면 안 되기 때 문에 바로 여기에 술어논리가 필요한 것이다.

'모든 남자는 바보다'의 논리구조

앞에서 배운 것과 같이 '모두'나 '존재한다'와 같은 말이 사용되는 경우, 거기에는 어떤 범위의 대상에 대하여 '모두'라든가 '존재한다'라고 말하는 것인가가 문제이다. 예를 들면 '모든 것은 알로부터 태어난다'라는 것은 새들의 집합을 생각하면 옳지만, 인간의 집합을 생각한다면 틀리다. 이와 같이 상정되어 있는 대상의 집합을 '논의영역'이라고 한다. '모두가 F이다'라는 것은 논의영역에서 생각하고 있는 모든 대상이 F라는 것이며, 'F인 것이 존재한다'라는 것은 그 논의영역에서 생각되는 대상 가운데 F인 것이 존재한다는 것이다.

예를 들면 논의영역을 인간이라고 가정해 보자. 그리고 '모든 인간은 언젠가는 죽는다'라는 문장을 생각해 보자. 이것은 논의영역에 속하는 모든 인간에 대하여 하나하나 'a씨는 언젠가는 죽는다' 'b씨는 언젠가는 죽는다' ……라고 계속해서 말하는 것과 같지만, 이렇게 계속 말을 하다보면 틀림없이 나도 언젠가는 죽을 것이다. 그래서 조금 기교를 사용하자면 임의의 x씨를 사용한다. 수학에서 쓰는 '변수'와 같다. 이때에는 수(數)는 아니므로 **변항(變項)**이라고 한다. a씨여도 b씨여도 c씨여도 좋고, 누구라도 좋은 'x씨'이다. 그리고 이 임의의 x씨를 사용하여, '모든 인간은 언젠가는 죽는다'라는 문장을 다음과 같이 표현한다.

모든 x에 대해 〔x는 언젠가 죽는다〕

이것은 인간이라는 논의영역에 속하는 a씨, b씨, c씨, ……에 대하여, 'a는 언젠가는 죽는다' 'b는 언젠가는 죽는다' 'c는 언젠가는 죽는다' ……라고 하나씩 계속 말하는 것 대신 그것을 일컬어 통틀어서 말하는 방법이다. 'x는 언젠가는 죽는다' 이것은 인간이라는 논의영역에 속하는 모든 x에 대하여 성립한다는 것을 의미한다.

변항 x를 사용한 이와 같은 표현법은 참으로 멋진 방법인데, 그 멋을 제대로 느끼기 위해서는 좀 더 복잡한 전칭명제를 보는 것이 좋을 것이다. 다음 문장을 생각해 봅시다.

모든 남자는 바보다.

이 문장이 뭐가 복잡하냐고 생각할지도 모르겠지만, 의외로 매우 복잡하다. 이 역시 논의영역은 인간이라고 가정해 보자. 인간이라는 논의영역에 속하는 a씨, b씨, c씨……에 대하여 뭔가가 성립한다는 것을 말하는 것인데, 무엇이 성립한다는 것일까? 예를 들면 a씨에 대하여, a씨가 어떻다고 말하는 것일까? 계속 읽어 나가기 전에 잠시 생각해 보자.

'a씨는 바보다'라고 말하고 있지는 않다. 왜냐하면 a씨는 여성일지도 모르기 때문이다. 따라서 단순히 a씨에 대하여 '바보'라고 말하고 있는 것이 아니라, a씨가 남자일 경우 '바보'라고 말하고 있는 것이다. 결국 a씨에 대하여 말하고 있는 것은 'a씨가 남자라면, a씨는 바보다'라는 조건문이다. 여기서 임의의 x씨를 생각해 보면 'x씨가 남자라면, x씨는 바보다'라고 말하는 것이다. '모든 x에 대하여'라는 방식으로 고쳐 쓰면 다음과 같다.

모든 x에 대해〔x가 남자라면 x는 바보다〕

'모든 남자는 바보다'라는 것은 단순한 주어–술어문에서도 볼 수 있지만, 이렇게 술어논리적으로 분석하면 '~라면'으로 연결된 조건문의 구조를 하고 있다.

이것은 '모든 남자는 바보다'와 같은 전칭문으로부터 그 '대우(對偶)'를 도출할 수 있다는 것을 잘 설명하고 있다. 앞에서 'A라면 B´에 대하여 '(B가 아니다)라면 (A가 아니다)'가 그 대우라고 불린다고 언급했다. 그래서 'a가 남자라면, a는 바보다'에 대한 대우를 생각하면, '(a가 바보가 아니다)라면 (a는 남자가 아니다)'가 된다. 이것이 임의의 x에 대하여 성립되기 때문에 다음과 같이 말할 수 있다.

모든 x에 대하여 〔x가 바보가 아니라면, x는 남자가 아니다〕

평소의 우리가 사용하는 언어로 고쳐 쓰면 '바보가 아닌 자는, 모두 남자가 아니다'가 된다. 즉 '모든 남자는 바보다'는 전칭문으로부터 그 대우인 '바보가 아닌 자는, 모두 남자가 아니다'가 도출된다.

마찬가지로 좀 더 그럴듯한 예문을 사용하면 '모든 하마는 초식이다'로부터 그 대우를 도출할 수 있는데, 이것은 '초식이 아닌 것은 모두 하마가 아니다'가 된다. 이렇게 대우를 추출할 수 있는 것은 전칭문의 논리구조로서 '~라면'이 포함되어 있기 때문이다. 그리고 명제논리의 경우와 마찬가지로 여기에서도 연역으로서 옳은 말로 바꿀 수 있는 것은 대우뿐이며 그 외의 '역'이나 '이(裏)'는 연역적으로 옳다고는 할 수 없다.

지금까지 논의한 부분을 한번 연습해 보자.

문제 : 문장 A '모든 새는 알에서 태어난다' 로부터 다음 질문에 답해 보자.

(1) 문장 A를 '모든 x에 대하여……' 라는 형태로 고쳐 보자.

(2) 문장 A의 대우를, '모든 x에 대하여……' 라는 형태로 고쳐 보자.

(3) 문장 A의 대우를, x를 사용하지 않는 보통의 표현으로 고쳐 보자.

이왕 하는 김에 문장 A의 역과 이도 (보통의 표현으로) 써 보자. ('역' 과 '이' 가 잘 생각나지 않으면 136쪽의 그림을 보자) 정답은 223쪽에 있다.

'바보 같은 남자가 있다' 의 논리구조

　　다음으로 존재문의 논리구조를 살펴보자. 예를 들면 논의영역을 인간이라 하고, '게으른 자가 있다' 라는 문장을 생각해 보자. 앞에서는 '모두' 였기 때문에 논의영역에 속하는 a씨, b씨, c씨, …… 전원에게 해당된다는 것이었지만, 이번에는 '존재한다' 이기 때문에 게으른 자가 누구인지 알 수 없다. 그래서 앞에서 사용한 변항 'x' 가 여기에서도 필요하다. 결론적으로는 논의영역 안에 누군가 x씨라는 사람이 있고, 그 x씨는 게으른 자라는 것이다. 정리해 봅시다.

　　어떤 x가 존재하고 〔x는 게으른 자다〕

　　대비시키는 의미에서 '모든 사람은 게으른 자다' 를 써 보자.

모든 x에 대하여 〔x는 게으른 자다〕

이렇게 '모든 x에 대하여' 라든지 '어떤 x가 존재' 라는 말은 논의영역 가운데 얼마만큼의 대상에 해당하는지를 말해 주는 것이므로 대상의 양에 관계된다는 의미에서 **'양화(量化)'** 라고 표현한다. '모두' 는 **'전칭양화(全稱量化)'** , '존재한다' 는 **'존재양화(存在量化)'** 이다.

주의해야 할 것은 '어떤 x가 존재하고' 라고 쓰면 마치 x는 하나뿐이라는 인상을 줄지도 모르겠지만, '게으른 자가 있다' 에서 알수 있듯이, '존재한다' 라고 이야기되는 그 대상은 하나라고 한정되는 것은 아니다. 또한 복수여도 전혀 상관없다. 이 점을 헷갈리지 않게 쓰려고 한다면 '어떤 x가 한 개 이상 존재하고' 라고 쓰는 편이 좋을지도 모르겠다.

따라서 전칭과 존재라는 것은 결국은 '전체' 와 '부분' 인 것이다. 논의영역 전체에 적용된다고 주장하는 것이 '전칭양화' 이고, 논의영역의 부분에 적용된다고 주장하는 것이 '존재양화' 이다.

221쪽 정답

(1) 모든 x에 대하여 〔x가 새라면, x는 알에서 태어난다.〕

(2) 모든 x에 대하여 〔x가 알에서 태어나지 않는다면, x는 새가 아니다.〕

(3) 알에서 태어나지 않는 것은, 모두 새가 아니다.

이 '부분'이라는 것은 한편으로 단 하나뿐인 경우도 있겠지만, 다른 한편의 극단적인 경우에는 전체를 가리킬 수도 있다. '게으른 자가 있다'라고 말하여 일단은 부분적인 주장을 했지만 '나도 그렇다, 자네도 그런가? 뭐 그 사람도 그렇고 이 사람도 그래, 어 그러고 보니 모두 게으른 사람이잖아, 아무것도 하고 싶지 않네' 이런 경우에 만일 모두 게으른 자라고 할지라도 '게으른 자가 있다'는 것에는 변함이 없다. 단지 '게으른 놈이 너무 많다'는 것뿐이다.

이런 식으로 존재양화는 하나의 경우부터 전체에 이르기까지 매우 불특정한 양을 나타내는 표현이다. 어쨌든 많은지 적은지는 알 수 없지만, 하나인지도 모르고 전부인지도 모르지만 이러저러한 것이 존재한다는 것이다.

이번에는 전칭문의 경우처럼 좀 더 복잡한 문장을 생각해 보자. 전칭문을 다룰 때 생각했던 것은 '모든 남자는 바보다'였지만, 이번에는 '바보 같은 남자가 있다'라는 문장을 생각해 보자. 이것을 전칭문에서의 경우처럼 '~라면'을 써서 분석해서는 안 된다. 즉, '어떤 x가 존재하고 〔x가 바보라면, x는 남자다〕'로, '바보 같은 남자가 있다'라는 의미는 아니다. 여기서 존재한다는 누구인가는 '바보라면 남자다'와 같은 조건문이 꼭 들어맞는 사람이 아니고, 정확히 말하자면 '바보이고, 남자다'라는 것이다. 정확하게 써 보면 다음과 같다.

어떤 x가 존재하고 〔x는 바보이며, 또한 x는 남자이다〕

'~라면'이 아니라 '또한'이 되는 것이다.

덧붙이자면 'A 또한 B'는 'B 또한 A'와 같은 의미이므로 존재 문이 '또한'의 구조를 가진다는 사실로부터 'F인 것 중에는 G인 것이 있다'와 'G인 것 중에는 F인 것이 있다'가 같은 의미라는 것을 알 수 있다. 예를 들면 '바보 같은 남자가 있다'는 '남자인 바보가 있다'와 같은 의미이며, '논리학자 중에는 비논리적인 사람이 있다'는 '비논리적인 사람 중에는 논리학자가 있다'와 같은 것이다.

정리하면 다음과 같다.

'논리학자 중에는 비논리적인 사람이 있다'

↔ 어떤 x가 존재하고 〔x는 논리학자이고, 또한 x는 비논리적이다〕

↔ 어떤 x가 존재하고 〔x는 비논리적이고, 또한 x는 논리학자이다〕

↔ 비논리적인 사람 중에는 논리학자가 있다

그럼 지금까지 배운 전칭문과 존재문에 대한 논리구조의 파악법을 정리해 보자.

모든 것은 F이다	모든 x에 대하여 〔x는 F이다〕
모든 F는 G이다	모든 x에 대하여 〔x가 F라면, x는 G이다〕
F인 것이 존재한다	어떤 x가 존재하고 〔x는 F이다〕
F인 G가 존재한다	어떤 x가 존재하고 〔x는 F, 또한 x는 G이다〕

'모두' 와 '존재한다' 를 조합한다

술어논리의 표현력은 더욱 풍부한 것을 보여 준다. 예를 들면 수학 등에서 논의영역을 자연수라 하고, '어떤 수라도, 그것보다 큰 수가 존재한다' 라는 형태의 문장을 보는 경우가 있다. 이것은 전칭양화와 존재양화를 조합한 것이다. 설명을 빼고 일반적으로 말하자면, 다음과 같이 쓸 수 있다.

모든 x에 대하여 {어떤 y가 존재하고 〔y는 x보다 크다〕}······①

논의영역은 자연수이므로 x와 y에는 0, 1, 2, ······와 같은 숫자가 들어간다. 어떤 수 x를 대입해도 그 x에 대하여 x보다 큰 수 y가 존재한다는 것이다. 여기에서 앞의 ①과 다음의 ②를 구별하는 것이 굉장히 중요하다.

어떤 y가 존재하고 {모든 x에 대하여 〔y는 x보다 크다〕}······②

이번에는 어떤 수 y가 존재하고, 그 수 y는 어떤 수 x보다 크다는 것을 의미한다. '어?' 하고 놀란 사람은 천천히 읽어 주길 바란다.

①은 '어떤 수에게도 그것보다 큰 수가 존재한다' 이고, ②는 '어떤 수보다도 큰 수가 존재한다' 이다. 이때 의미는 정반대이다. ①은 자연수에는 최대의 수가 존재하지 않는다고 말하는 것과 같으며, ②는 그 반대로 자연수에는 최대의 수가 존재한다고 말하고 있다. (아, 죄송합니다. 틀렸네요.) ②는 훨씬 엉터리이다. 존재한다는 수 y는 모든 수 x보다 크다는 의미이다. 그래서 이 '모든 수 x'는 문자 그대로이다. 즉, '모든 수 x'는 y 자신도 포함하기 때문에 y는 자신보다도 큰 수라는 것이다. 물론 자연수에는 최대 수라는 것도 없지만 자신보다도 큰 수라는 것은 더욱이 있을 수 없다.

그래서 이렇게 복수의 전칭양화와 존재양화를 조합한 것을 '**다중양화(多重量化)**' 라고 한다. 전칭과 존재를 조합하는 것만이 아니고, 전칭과 전칭, 존재와 존재를 조합한 다중양화도 있다.

문제의 형식으로 보자. 아직 설명이 충분치 않다고 생각되기 때문에 잠시 생각한 후에 곧바로 답을 보면 좋을 것 같다.

문제 : 다음 문장을 변항 x, y를 사용하여 양화의 형태가 명확해지도록 고쳐 쓰시오.

(1) 모두가 모두에게 선물을 했다.

(2) 누군가가 누군가에게 선물을 했다.

(3) 모두가 누군가에게 선물을 했다.

답은 다음과 같다.

(1) 모든 x와 모든 y에 대하여 〔x는 y에게 선물을 했다〕

(2) 어떤 x와 어떤 y가 존재하고 〔x는 y에게 선물을 했다〕

(3) 모든 x에 대하여 {어떤 y가 존재하고 〔x는 y에게 선물을 했다〕}

(1)과 (2)는 똑같이 양화의 조합이므로 순서는 신경 쓰지 않아도 상관없지만, (3)은 전칭과 존재의 조합이므로 순서가 중요하다. 해답과 순서를 바꿔 '어떤 y가 존재하고 {모든 x에 대하여 〔x는 y에게 선물을 했다〕}' 라고 하면 의미가 변해 버린다. 누군가 y씨가 있고, 그 y씨에 대하여 모든 x, 즉 모두가 선물을 했다는 의미이므로 결국 '모두로부터 선물을 받은 사람이 있다' 라는 의미가 된다.

하지만 솔직히 말해서 문장 (3)은 어딘지 애매한 문장이다. 해답에 의하면 모두가 누군가에게 선물을 주었다. 그 누군가는 모두에게 공통된 누군가가 아니라 각각 달라도 된다는 것이다. 그렇지만 문장 (3)은 '모두로부터 선물을 받은 사람이 있다'와 같이 보인다.

보통 우리가 사용하는 언어로, '모두가 누군가에게 선물을 했다'와 같이 말하면 애매하다. 그러나 술어논리의 표현법을 사용하여 '모든 x에 대하여 {어떤 y가 존재하고 〔x는 y에게 선물을 했다〕}'라고 쓰면 좀 읽기는 거북하지만, 애매함은 없어진다. 이것도 술어논리 표현법의 장점이라고 할 수 있다.

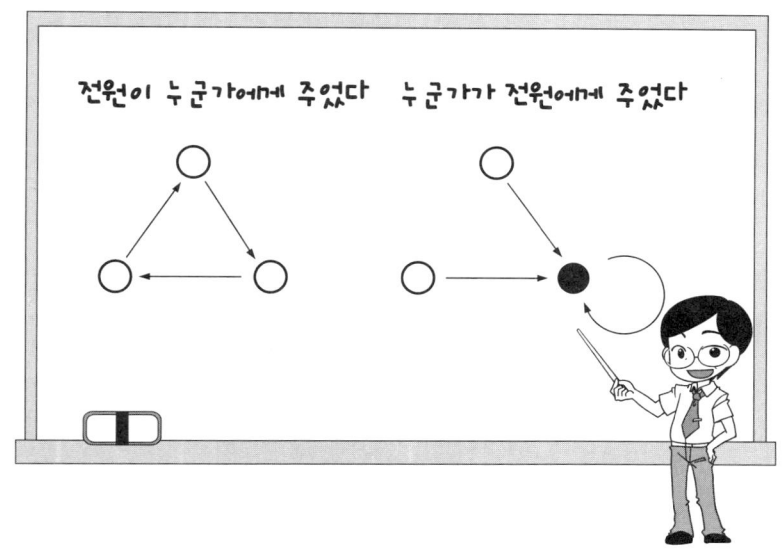

어쨌든 이러한 다중양화까지 생각함으로써 술어논리의 표현력은 꽤 풍부해진다. 역사이야기를 하면 논리학의 역사는 매우 오래되었다. 최초로 논리학을 체계화하여 연구한 사람은 아리스토텔레스였다. 또 스토아학파의 논리학 등도 있었다. 그에 비해 우리가 지금 이 책에서 살피고 있는 것은 현대논리학으로 그 출발점은 프레게(Friedrich Ludwig Gottlob Frege, 1848.11.8~1925.7.26)라는 독일의 철학자이자 논리학자가 1879년에 출간한 『개념기법』이라는 책에 있다.

프레게가 개척한 현대논리학은 그때까지 아리스토텔레스의 논리학이나 스토아학파의 논리학을 통일적으로 체계화한 것이었다. 하지만 그것뿐이라면 부분적으로는 지금까지의 논리학이 다루어 왔던 것이라고 할 수도 있다. 그리고 실제로 우리가 이 책에서 보아 온 화제를 이 다중양화 이전 부분까지는 통일적인 방식으로 체계화한 것은 프레게가 처음이었다고는 하지만, 부분적으로는 그때까지의 논리학에서도 다루어 왔던 화제였다. 그러나 다중양화는 그렇지 않다. 우리는 다중양화에 와서야 비로소 현대논리학에서만 취급하는 화제에 발을 들여놓은 것이다. 따라서 프레게가 개척한 현대논리학을 한마디로 말하면, 아리스토텔레스와 스토아학파의 전통적 논리학을 통일하여 체계화함과 동시에 나아가 다중양화라는 그때까지는 없었던 새로운 부분에 발을 들여놓음으로써 체계를 확대하고, 완성시켰다고 말할 수 있다.

술어논리의 공리계

이번에는 술어논리의 공리계를 보도록 하자. 목표는 '모두'와 '존재한다'라는 말에 관한 논리법칙을 모두 증명할 수 있도록 증명의 출발점이 되는 공리를 정하는 일이다. 그리고 우리가 채용한 방법은 그 언어에 대한 도입칙과 제거칙을 생각하는 것이었다. 여기에서도 '모두'와 '존재한다'에 대하여 각각 도입칙과 제거칙을 살펴보자. 합계 4개의 공리 중에서 전칭양화의 제거칙과 존재양화의 도입칙은 이해하기 쉬우므로 별 문제가 없다. 그러나 전칭양화의 도입칙은 제법 이해하기 어렵고, 즌재양화의 제거칙은 꽤 어렵다. 쉬운 것부터 보도록 하자.

(1) 전칭양화의 제거칙

'모두는 ~이다'라는 형태의 주장이 제기되었을 때, 그로부터 '모두'라는 말을 제거한 어떠한 주장이 제기되는가, 그것을 규정하는 것이 전칭양화의 제거칙이다. 구체적으로 예를 들어 보자.

예를 들어 '모든 사람은 언젠가는 죽는다' 라고 주장했다고 합시다. 그때 그로부터 임의의 개별 주장이 추출된다. **개별 주장**을 예를 들어 설명하면 영희에 대해 '영희는 언젠가는 죽는다' 와 같은 주장이다. 전칭문은 '모든 사람은' 이라고 주장하고 있으므로 그로부터 임의의 사람에 대하여 '이 사람은 언젠가는 죽는다' 라고 말할 수 있다.

이것을 공리로 표현하면 다음과 같다.

모든 x에 대하여 [x는 F이다] → t는 F이다(t는 임의)

't' 는 뭐라고 말해야 할지 모르겠지만, 뭐든 상관없다. 그러므로 기호도 't' 가 아니라 'a' 라도 좋고 'm' 이라도 좋다. 중요한 것은 '모두' 에 대하여 말한 일반적인 주장으로부터 임의의 개별 주장이 도출된다는 것이다.

이것을 공리로 삼아도 될 것 같지만, '모든 x에 대하여 [x가 F라면, x는 G다]' 라든가, 또는 다중양화라는 좀 더 복잡한 형태의 명제도 있으므로 '모든 x에 대하여 [x는 F이다]' 라는 가장 단순한 형태의 주장만 채택한 것으로는 그다지 적당하지 않다. 그래서 이번에는 'x' 가 등장하는 주장을 일괄하여 'Ax' 로 써 보자. 'x는 F이다' 라든가 'x가 F라면 x는 G이다' 라든가, 어쨌든 x가 등장하는 주장은 그냥 단지 'Ax'라고 쓰도록 하자. 그러면 전칭양화의 제거칙은 다음과 같이 쓸 수 있다.

전칭제거   모든 x에 대하여 〔Ax〕→ At(t는 임의)

'At'는 'Ax'의 'x' 부분을 't'로 바꿔 쓴 것이다. 예를 들면 '모든 x에 대하여 〔x가 F라면, x는 G이다〕'로부터 임의의 t에 대하여 't가 F라면, t는 G이다'가 도출될 것이다.

(2) 존재양화의 도입칙

이번에는 존재양화의 용어를 사용하지 않은 어떠한 주장으로부터 존재양화를 수반한 주장이 도출되는가를 규정한다.

예를 들면 '츠치노코는 존재한다'는 주장이 옳다고 할 수 있는 것은 단 한 마리라도 츠치노코라고 할 수 있는 것이 발견되었을 때이다. 그 한 마리는 뭐라고 표시해도 상관없으므로 또 't'를 사용하자. t에 대해 't는 츠치노코다'라고 할 수 있다면, 그때 '츠치노코가 존재한다'는 주장이 옳다는 것이 증명된다. 따라서 다음과 같이 쓸 수 있다.

존재도입   At → 어떤 x가 존재하고 〔Ax〕

예를 들면, 't는 츠치노코이다' 로부터 '어떤 x가 존재하고 [x는 츠치노코이다]' 가 도출된다. 혹은 조금 더 복잡한 예로 't는 남자이고, 또한 t는 바보이다' 로부터 '어떤 x가 존재하고 [x는 남자이고, 또한 x는 바보이다]' 가 도출된다. 그 자리에 어떤 것이 들어가도 상관없으므로 A인 것처럼 t가 보였다면 'A인 것이 존재한다' 라는 주장은 옳다는 것이다.

(3) 전칭양화의 도입칙

이건 짜증나는 놈이다.

전칭양화를 포함하지 않는 주장으로부터 전칭양화를 수반한 주장이 도출되는 것은 어떤 때인가 하는 점이 핵심이지만, 초보자가 이렇게 생각하는 것은 무리이다. 즉, 전칭양화의 도입이라는 것은 정상적으로 생각하면 무리이다. 예를 들면 '모든 인간은 죽는다' 라는 전칭문 주장을 보자. 이 논의영역은 인간 전체, 지금부터 태어날 인간도 포함하여 무한 수의 인간들의 집합이다. 그러므로 이 주장이 옳다는 것을 말하려고 한다면 그 무한 수의 사람들 모두를 조사해 볼 수밖에 없다. '모두' 라는 전칭문의 주장을 증명할 수 있는 것은 모두를 조사할 때뿐이다.

하지만 아무 문제없이 전칭양화의 도입을 인정할 수 있는 경우도 있다. 단순한 것이지만, 다음 논리법칙을 보자.

모든 x에 대하여 〔x는 F이다〕, 모든 x에 대하여 〔x는 G이다〕 →
모든 x에 대하여 〔x는 F이다, 또한 x는 G이다〕

예를 들면 '모든 인간은 인간으로부터 태어났다' 와 '모든 인간
은 언젠가는 죽는다' 라는 두 가지 전제로부터 그 둘을 통합하여
'모든 인간은 인간으로부터 태어나고, 또한 언젠가는 죽는다' 를
결론으로 한 추론에서 직감적으로도 알 수 있다. 그래서 그것을 이
렇게 증명하고자 한다.

증명

(1) 모든 x에 대하여 [x는 F이다]   전제

(2) 모든 x에 대하여 [x는 G이다]   전제

(3) t는 F이다   (1)과 전칭 제거

(4) t는 G이다   (2)와 전칭 제거

(5) t는 F이다, 또한 t는 G이다.   (3)(4)와 또한 투입

(6) 모든 x에 대하여 [x는 F이다,   (5)와 전칭도입

　　또한 x는 G이다]

문제가 되는 것은 (5)로부터 (6)의 단계이다. 두 전제 (1)(2)로
부터 '모두' 를 빼고, 't는 F이다' 와 't는 G이다' 를 도출하고, 그것

을 '또한'으로 연결하고, (5)의 't는 F이다, 또한 t는 G이다'를 도출했다. 이 t는 원래 전칭문으로부터 채택되어 나온 것이므로 임의의 t, 뭐든지 상관없는 t이다. 그렇다면 거기에 다시 한 번 '모든'을 넣어도 되지 않을까?

결국 이러한 방식으로 전칭문에서 나왔다는 것이 분명하고, 그 임의성(任意性)이 분명한 t에 대하여 성립한다면, 그것을 전칭문으로 해도 무관하다. 이것이 전칭문의 도입칙이다.

원래 전칭문이었던 것을 일단 임의의 개별 주장으로 하고, 이것으로부터 또 전칭문으로 만든다는 것이므로 '도입칙'이라기보다는 '복원칙'이라고 부르는 쪽이 좋을지도 모르겠다.

전칭도입 At → 모든 x에 대해 [Ax] (t는 임의성을 가질 것)

't는 임의성을 가질 것'이라는 조건이 아직 애매하기는 하지만, 우리는 다음 술어논리의 증명을 하고자 하는 것이 아니므로 좀 애매하더라도 양해하기 바란다. 결국 지금 이해해 주었으면 하는 점은 '증명 중에서 임의성이 보장된 t에 대하여 성립되는 개별 주장은 모든 x에 대하여 일반화할 수 있다'는 사고방식이다.

(4) 존재양화의 제거칙

이것이 네 번째이자, 마지막이다. 그리고 가장 어렵다.

존재양화의 제거칙에서는 존재문으로부터 어떠한 것이 귀결되어 도출되는가를 규정하려고 했을때 예를 들면 '게으른 자가 있다'는 존재문에서 무엇이 도출될까? '철수는 게으른 자다'로부터 시작하자면 존재도입을 적용하여 '게으른 자가 있다'를 도출할 수 있다. 하지만 '게으른 자가 있다'로부터 '철수는 게으른 자다'라고는 도출되지 않는다. 게으른 것은 철수가 아니라 영희일지도 모른다. 나일지도 모르고 여러분일지도 모른다. 혹은 '모든 사람은 언젠가는 죽는다'라는 전칭문이 있다면 전칭제거를 적용하여 '철수도 언젠가는 죽는다'를 도출할 수 있다. 하지만 존재문 '게으른 자가 있다'로부터 무엇을 도출할 수 있을까?

존재문이라는 것은 모든 것에 대하여 서술하는 전칭문이라든가 철수와 영희에 대하여 서술하는 개별의 주장 등에 비하여 끄집어낼 수 있는 정보량이 가장 적다. 왜냐하면 단순히 '누군가 그런 사람이 있다'라는 것뿐이기 때문이다.

여기서 다시 단팥빵과 천벌의 추론을 생각해 보자.

전제 1. 나의 단팥빵을 먹은 놈이 있다.

전제 2. 나의 단팥빵을 먹은 놈에게는 천벌이 내린다.

결 론 그러므로, 천벌이 내리는 놈이 있다.

이 전제 1은 존재문이다. 그렇다면 존재문만으로 무엇인가를 도출하는 것은 힘들더라도 존재문과 뭔가를 조합하면 여기에서 뭔가 결론을 도출해 갈 수 있을 것이다. 조금 더 이 추론의 성립을 살펴보도록 하자.

때때로 존재하는 것에 이름을 붙이는 경우가 있다. 예를 들면 백록담의 공룡 같은 생물에게 '네시'라는 이름을 붙인다거나, 연쇄살인범에 대해서도 아직 누구인지 밝혀지지도 않은 상태에서 '갈가리 잭'이라고 부르는 경우가 그런 경우이다. 그래서 나도 나의 단팥빵을 먹은 사람을 '단팥빵맨'이라고 부르기로 하겠다.

그러면 우리끼리는 '단팥빵맨이 나의 단팥빵을 먹었다'가 된다. 거기에 '나의 단팥빵을 먹은 자에게는 천벌이 내린다'라는 전제 2가 더해진다. 이것은 전칭문이므로, 임의의 t로 전칭제거할 수 있다. 즉 '나의 단팥빵을 먹은 자에게는 천벌이 내린다'는 술어논리의 표현으로 쓰면 '모든 x에 대하여 〔x가 나의 단팥빵을 먹었다면, x에게는 천벌이 내린다〕'라고 되기 때문에 전칭양화를 제거하고 'x'에 임의의 't'를 대입해도 좋다. 즉 't가 나의 단팥빵을 먹었다면, t에게는 천벌이 내린다'라고 할 수 있다. 't'는 임의로 뭐라고 불러도 좋기 때문에 '단팥빵아저씨'라도 상관없다. 그러므로 '단팥빵아저씨가 나의 단팥빵을 먹었다면, 단팥빵아저씨에게는 천벌이 내린다'라는 것이 전제 2로부터 전칭제거를 사용하여 도출된다.

그렇게 하면 다음과 같은 추론이 성립된다.

단팥빵맨이 나의 단팥빵을 먹었다.

단팥빵맨이 나의 단팥빵을 먹었다면 단팥빵맨에게는 천벌이 내린다.

그러므로 단팥빵맨에게는 천벌이 내린다.

이것은 명제논리의 조건법 제거, '긍정식'과 같다. 그리고 마지막 한 걸음 '단팥빵맨에게 천벌이 내린다' 라는 것으로부터 '천벌이 내리는 자가 있다' 가 나온다. 이것은 존재도입, 'At → 어떤 x가 존재하고 [Ax]' 이다.

자, 결국 어떻게 되었는가? '나의 단팥빵을 먹은 자가 있다' 라는 전제가 있기 때문에 그 범인을 '단팥빵맨' 이라고 편의대로 이름을 붙였다. 그리고 '단팥빵맨이 나의 단팥빵을 먹었다' 라고 했다. 이 문장은 양화의 용어를 갖고 있지 않기 때문에 존재문보다 더 추론하기가 쉽다. 그리고 이것을 전제 2와 조합하고, 전칭제거와 긍정식과 존재도입을 적용하여 '천벌이 내리는 자가 있다' 라는 결론을 도출해도 상관없지 않는가? 이런 흐름이다.

존재양화의 제거칙을 나타내 보자. 존재양화의 제거칙은 다음과 같다.

존재제거 어떤 x가 존재하고 〔Ax〕, Aa라면 C → C

이해하기 어려운가? 'a' 라는 것이 '단팥빵맨' 이라고 생각하면 조금은 이해가 되지 않습니까? 우선 존재문이 있다. 그리고 그 존재한다는 것에 편의대로 이름을 붙인다. 그것이 'a' 이다. (이러한 이름을 **'불확정명(不確定名)'** 이라고도 한다.) 그리고 Aa로부터 C가 도출되는지를 확인한다. 또한 결론 C에는 이쪽에서 편의대로 붙인 이름은 아직 포함되지 않는다. 그렇다면 'A인 것이 존재한다' 로부터 C를 도출해도 상관없을 것이다.

여기에서 '결론 C에는 a가 포함되어서는 안 된다' 라는 조건이 필요하다는 것은 냉정하게 생각해 보면 당연한 일이다. a는 편의대로 붙인 이름이기 때문에 최종적으로는 존재문으로부터 도출해 내고자 하는 결론 속에 a가 들어가는 것은 허용될 수 없다. '나의 단팥빵을 먹은 자가 있다' 로부터 도출된 결론으로서 '단팥빵맨에게는 천벌이 내린다' 라고 말했다면 '단팥빵맨이 누구야' 라는 말밖에 더 듣지 않겠는가?

말하자면 단팥빵맨은 '나의 단팥빵을 먹은 자가 있다' 라는 존재문을 사용하여 이루어지는 추론의 과정에서만 등장하는 '그림자', 존재의 그림자인 것이다. 그러므로 단팥빵맨은 결론에서는 슬그머니 빠져 주지 않으면 안 된다.

존재제거의 공리를 보고 무엇인가 느낀 것이 있으십니까? 뭔가 느낀 것이 있느냐는 말 역시 애매한 말이지만, 뭐랄까 '어라?' 하는 생각이 들었다거나 하는 것 말이다. 사실 이 공리는 '어찌되었든 논법'의 존재양화 버전이다. '어찌되었든 논법'이란 다음과 같은 것이다.

A 또는 B, A라면 C, B라면 C → C

존재제거와 비슷하지 않습니까?

A나 B는 갈림길이고, A의 길로 가도 C에 도달하고, B의 길로 가도 C에 도달한다. 그렇다면 어디로 가도 C에 도착하게 된다. 이것이 '어찌되었든 논법'이었다. 다시 존재제거에 대해 생각해 보자. 누군가 나의 단팥빵을 먹은 자가 있다. 단팥빵맨이 먹었다면, 천벌이 내리는 자가 있다. 단팥빵맨이라는 것은 우리가 편의대로 붙인 이름이기 때문에 단팥빵아저씨라고 해도 상관없다. 카레빵맨이어도 좋고, 세균맨이어도 상관없다. 어찌되었든 천벌이 내리는 자가 있다. 존재제거는 '어찌되었든 논법'의 변형에 지나지 않는 것이다.

이것은 앞에서 말한 존재문이 선언문과 비슷하다는 것과 부합한다. 존재문은 선언문과 비슷하다. 따라서 선언문에서 '어찌되었든 논법'과 같은 논법이 존재문에서도 성립한다. 뭔가 헷갈리는 애기가 계속되었지만, 여기서 조각퍼즐의 조각이 딱 맞아떨어지는 기분이 들지 않습니까?

이상으로 전칭도입, 전칭제거, 존재도입, 존재제거 이 4가지의 공리가 갖추어졌다. 이것으로 술어논리의 공리계가 완성된다.

그렇다고 해서 이 4가지 공리계만으로는 말이 되지 않는다. 술어논리는 지금까지 살펴보았듯이 부정도, 연언도, 선언도, 조건법도 다 사용한다. 즉 명제논리를 그 안에 포함하고 있다. 따라서 술어논리의 공리계라는 것은 제5장에서 본 명제논리의 공리에 지금 살펴본 4가지 공리(양화의 공리)를 더한 것이다. 이런 의미에서 술어논리는 명제논리와 다른 것이 아니라, 명제논리를 근거로 하여 명제논리를 확장한 논리체계인 것이다.

술어논리의 공리계

Ⅰ. 명제논리의 공리

Ⅱ. 양화에 관한 공리

전칭도입 At → 모든 x에 대하여 [Ax](t는 임의성을 가질 것)

전칭제거 모든 x에 대하여 [Ax] → At(t는 임의)

존재도입 At → 어떤 x가 존재하고 [Ax]

존재제거 어떤 x가 존재하고 [Ax], Aa라면 C → C(C는 a를 포함

하지 않는다)

논리학 방법

이것으로 공리계가 완성되었다. 공리가 완성되면 여러 가지 정리를 증명할 수 있게 된다. 예를 들면 전칭과 존재의 드모르간의 법칙 등이 지금 공리로부터 증명될 수 있다.

그러나 오히려 다음에 해야 하는 논리학의 작업은 이 공리계의 건전성과 완전성을 보여 주는 것이다. 즉, 이 공리계가 없는 논리법칙까지 전부 증명해 버리는 과잉된 것이 아니라는 것(건전성), 그리고 필요한 논리법칙은 모두 이 공리계로 증명할 수 있다는 것(완전성), 이것을 확인하지 않으면 안 된다. 그러기 위해서는 우선 술어논리에 있어서 무엇이 '필요한 논리법칙' 인가를 결정하지 않으면 안 된다.

예를 들면 전칭과 존재의 드모르간의 법칙 중 하나로 '(모든 x에 대하여 [x는 F이다])라는 것은 아니다 → 어떤 x가 존재하고 [x는 F가 아니다]' 라는 것(전칭의 부정 → 부정의 존재)이 있지만 이것이 필요한 논리법칙, 즉 타당한 논리법칙이라는 것은 이 법칙에 반례(反例)가 없다는 것이다. 반례를 확인하기 위해서는 'F' 부분에 구체적인 성질(예를 들면 '언젠가는 죽는다')을 넣어 보고, 그것이 이 논리법칙에 적합한지 어떤지를 반드시 논의해야 한다. 배중률의 경우처럼 어떤 사람들은 어떤 사례를 반례라고 주장하고, 또 다른 사람들은 그것은 반례가 될 수 없다고 맞설지도 모르겠다. 이와 같은 차원의 논의를 제5장에서는 '내용적 접근'이라 불렀다. 이에 대하여 공리계는 구체적인 예는 고려하지 않으므로 '형식적 접근'이다. 명제논리의 부분에서는 진리함수라는 방식을 사용한 내용적 접근을 소개했다. 그리고 그 접근에 따르면 표준적인 명제논리의 공리계는 완전한 것이었다.

이쯤에서 '논리'라는 산을 오르는 것을 멈추고, 가까이에 또는 멀리 보이는 산등성이를 단지 손가락으로 가리키며 짚어 보자.

우선 바로 옆에 보이는 산 정상에서부터 시작합시다. 술어논리의 공리계에 대해서도 내용적 접근을 하고, 타당한 논리법칙의 범위를 논의하지 않으면 안 된다.

다음으로 그 건너편에 보이는 산의 정상이지만, 내용적 접근의 논의를 거쳐서 술어논리 체계의 건전성과 완전성을 보여 주지 않으면 안 된다. 이것은 이미 굉장한 과정이 되었다. 조금 장비를 고쳐서 가는 게 좋을 것 같다.

그 정상을 처음으로 밟은 사람은 괴델이었다. 괴델은 수학(자연수론)의 불완전성을 증명한 것으로 유명하지만, 술어논리의 완전성을 처음으로 증명하였다. 더 굉장한 것은 술어논리의 완전성을 증명하는 학위논문을 발표한 것이 1930년(23살)이었으며, 그 다음 해에는 자연수론의 불완전성정리를 발표했다는 것이다. 이것은 정말 대단한 일이다.

술어논리의 완전성과 수학의 불완전성의 대비라는 것은 매우 흥미롭다. 술어논리에 다시 등호 '='의 공리와 수(0, 1, 2, ……)의 공리를 덧붙이면 자연수론, 즉 수학의 영역이 된다. 이런 의미에서 술어논리라는 것은 수학에 바짝 접근하여 논리학의 코앞까지 와 있다고 할 수 있다. 다른 말로 표현하면 수학은, 적어도 자연수론이 필요로 하는 논리는 우리가 지금까지 보아온 술어논리로 충분히 처리할 수 있다는 말이다. 그 술어논리가 완전하고, 수학은 불완전하다는 것이므로 우리는 여기에서 완전한 공리계가 만들어지는 바로 그 경계선에 서 있는 셈이다.

눈을 돌려 보면 수학의 논리는 술어논리로 처리할 수 있다고 해도 일상 언어의 논리는 수학에서 사용할 수 있는 것보다 훨씬 더 풍부하다는 것을 깨닫게 될 것이다. 우리는 아직도 여전히 논리학으로 해야 하는 것을 많이 가지고 있다. 뭔가 연역적 추론이 이루어지고 있으면, 그것은 논리학의 목표가 될 수 있다. 그리고 이루어지고 있는 추론이 본질적으로 관계하고 있는 논리 언어를 채택하고, 내용적 접근과 형식적 접근의 양방향으로부터 공략하여 건전하고 완전한 공리계를 만든다. 이것이 기본적으로 논리학의 역할이다.

　예를 들면 그러한 언어로서 '가능성'과 '필연성'이 있다. 이것은 일상 언어의 용어라기보다 오히려 철학의 용어를 채택하여 논리체계를 만들려고 한 것이라고 할 수 있다. '가능성'과 '필연성'이라는 것은 고대에서부터 꾸준히 철학이 문제로 삼아 온 화제이다. '2+3=5'라는 것은 필연적으로 참[眞]이고, '2+3=6'이라는 것은 불가능하다. 한편 예컨대 '괴델은 논리학자다'라는 것은 결코 필연적으로 참이라는 것은 아니고, '괴델은 댄서다'라는 것도 현실적으로는 있을 수 없지만 있을 수도 있다는 의미에서 가능하다(물론 댄서면서 논리학자도 가능하다). 대체 수학이 필연적으로 참이라는 신분을 가지는 것은 왜일까? 대체 어떤 사물은 현실의 모습 이외에 어떠한 가능성을 가지고 있을까? 애초에 '가능성'이라든가 '필연성'이란 무엇인가? 이러한 문제를 명석하게 파악해 나가기 위해서라도 여기서 사용되고 있는 말을 정리하고, 이론화하고, 체계화하는 것은 중요하다. 그리고 20세기가 되고 나서부터 논리학은 그 연구에 동참했다.

　'필연성'과 '가능성'은 '2+3=5는 필연적이다'라든지 '괴델이 댄서라는 것은 가능하다'와 같이 어떤 문장 P에 대하여 'P는 필연적이다'와 'P는 가능하다'라는 식으로 사용된다. 이러한 말은 문장의 '양상(樣相)'을 표현하는 말이라고 한다. '필연성양상'이라든지 '가능성양상'이라고 하는 것이다. 그리고 그러한 양상의 언어를 다루는 논리학을 '양상논리'라고 한다.

이것으로 목표가 정해졌다. 다음에는 내용적 접근과 형식적 접근의 양방향으로부터 공략하여 건전하고 완전한 공리계를 만들어 내는 것이다.

이렇게 논리학은 작업을 해 간다. 뿐만 아니라 또 하나의 매우 중요한 역할이 있다. 명제논리를 다룰 때 표준적인 명제논리 대신 비표준적인 명제논리의 가능성을 시사해 두었다. 이것은 명제논리를 확장하거나, 명제논리와는 다른 용어를 연구대상으로 한다는 것이 아니다. 표준적인 명제논리와 같은 용어(부정, 연언, 선언, 조건법)를 목표로 하여 표준적인 명제논리와는 다른 체계화를 제안하는 것이다.

문제로 삼을 논리 언어가 결정되면 그에 대한 논리체계도 하나로 정해질 만큼 단순하지는 않다. 그 언어들을 둘러싸고, 여러 가지 관점과 여러 입장이 생겨난다. 이처럼 논리학은 철학과 깊이 관련이 있고, 근본적이며 사고의 한계에 도전하는 학문인 것이다.

찾아보기